体育运动

拳击 击剑

QUANJI JIJIAN

主编 李伟亮 潘永兴
刘云发 杨雨龙

走进大自然
走到阳光下
养成体育锻炼
好习惯

吉林出版集团股份有限公司 全国百佳图书出版单位

图书在版编目（CIP）数据

拳击 击剑 / 李伟亮等主编. —长春 ：吉林出版集团股份有限公司，2011.6（2024.1 重印）

ISBN 978-7-5463-5720-1

Ⅰ. ①拳… Ⅱ. ①李… Ⅲ. ①拳击－青年读物②击剑－青年读物 Ⅳ. ①G886.1-49②G885-49

中国版本图书馆 CIP 数据核字（2011）第 117603 号

拳击 击剑

主编 李伟亮 潘永兴 刘云发 杨雨龙
责任编辑 息望 林琳
出版发行 吉林出版集团股份有限公司
印刷 三河市同力彩印有限公司
版次 2011 年 7 月第 1 版 2024 年 1 月第 8 次印刷
开本 787mm × 1092mm 1/16 **印张** 10 **字数** 100 千
地址 吉林省长春市福祉大路 5788 号 **邮编** 130000
电话 0431-81629968
电子邮箱 11915286@qq.com
书号 ISBN 978-7-5463-5720-1
定价 45.80 元

目录 CONTENTS

拳击

第一章 运动保护

第一节 生理卫生……………………2

第二节 运动前准备……………………3

第三节 运动后放松……………………8

第四节 恢复养护……………………10

第二章 拳击概述

第一节 起源与发展……………………12

第二节 特点与价值……………………13

第三章 拳击场地和装备

第一节 场地……………………16

第二节 装备……………………18

第四章 拳击基本技术

第一节 基本动作……………………22

第二节 基本拳法……………………31

第三节 防守与反击……………………38

第四节 闪躲防守与反击……………………46

第五章 拳击实战战术

第一节 阻挡反击……………………52

第二节 拍击反击……………………57

目录 CONTENTS

第三节 闪躲反击…………60
第四节 主动进攻…………65
第六章 拳击比赛规则
第一节 程序…………80
第二节 裁判…………84

击剑

第七章 击剑概述
第一节 起源与发展…………88
第二节 特点与价值…………90
第八章 击剑场地、器材和装备
第一节 场地…………94
第二节 器材…………95
第三节 装备…………96
第九章 击剑基本技术
第一节 基本动作…………100
第二节 得分部位与进攻距离…………107
第三节 基本姿势…………110
第四节 基本步法…………118

目录 CONTENTS

第十章　击剑实战技法与战术

第一节　实战技法……128

第二节　简单防守战术……131

第三节　假动作战术……136

第四节　进攻战术……140

第十一章　击剑比赛规则

第一节　程序……148

第二节　裁判……151

拳击

第一章 运动保护

“生命在于运动”，但是盲目、不科学的运动非但不能起到强身健体的作用，反而会给身体带来一定的伤害。只有掌握体育锻炼的一般性生理卫生知识，科学地进行体育锻炼，才能起到健身强体的作用。

第一节 生理卫生

青少年在进行体育运动时，除了应进行一般性的身体检查和必要的咨询外，还要注意培养运动兴趣和把握适当的运动强度。

一、培养运动兴趣

在进行体育运动前，必须培养自己对体育运动的兴趣。培养兴趣的方法有很多，如观看体育比赛，与同学、朋友进行体育比赛等。有了浓厚的兴趣，就能自觉地投入体育运动之中，从而达到理想的体育锻炼效果。

二、把握运动强度

因为青少年进行体育运动，主要是在享受体育运动的过程中增强体质，提高健康水平，而不仅是为了创造运动成绩，所以运动强度不宜过大。控制运动强度最简单的办法是测定运动时的脉搏。对青少年来说，运动时的脉搏控制在每分钟 140 次左右较为合适。

第二节 运动前准备

运动前进行充分的准备活动，对于青少年来说是非常重要的。一些青少年体育运动爱好者，常常不重视运动前的准备活动，导致各种运动损伤，影响运动效果，也容易失去对体育运动的兴趣，甚至造成对体育运动的畏惧。因此，青少年在进行体育运动前，必须做好充分的准备活动。

一、准备活动的作用

运动前做好充分的准备活动能够对肌肉、内脏器官起很大的保护作用，同时还可以提前调节运动时的心理状态。

（一）提高肌肉温度，预防运动损伤

运动前进行一定强度的准备活动，不仅可以使肌肉内的代谢过程加强，温度增高，血液黏滞性下降，提高肌肉的收缩和舒张速度，增强肌力，同时还可以增加肌肉、韧带的弹性和伸展性，减少由于肌肉剧烈收缩而造成的运动损伤。

（二）提高内脏器官的功能水平

内脏器官的功能特点之一就是生理惰性较大，即当活动开始、肌肉发挥最大功能水平时，内脏器官并不能立刻进入

最佳活动状态。

（三）调节心理状态

青少年进行体育锻炼不仅是身体活动，同时也是心理活动。研究证明，心理活动在体育锻炼中起着非常重要的作用。体育锻炼前的准备活动，可以起到心理调节的作用，即接通各运动中枢间的神经联系，使大脑皮层处于最佳兴奋状态。

二、如何进行准备活动

一般来说，准备活动主要应考虑内容、时间和运动量等问题。

（一）内容

准备活动可分为一般准备活动和专项准备活动。一般准备活动主要是一些全身性的身体练习，如跑步、踢腿、弯腰等。一般准备活动的作用在于提高整体的代谢水平和大脑皮层的兴奋状态，减少运动损伤的发生。专项准备活动是指与所从事的体育锻炼内容相适应的动作练习。

下面介绍一套一般准备活动操，供青少年运动前使用。这套活动操主要包括头部运动、肩部运动、扩胸运动、体侧运动、体转运动、髋部运动和踢腿运动等。

1.头部运动

头部运动的动作方法(见图1-2-1)是：

两手叉腰，两脚左右开立，做头部向前、向后、向左、向右，以及绕环运动。

2.肩部运动

肩部运动的动作方法(见图1-2-2)是：

手扶肩部，屈臂向前、向后绕环，以及直臂绕环。

3.扩胸运动

扩胸运动的动作方法(见图1-2-3)是：

屈臂向后振动及直臂向后振动。

4.体侧运动

体侧运动的动作方法(见图1-2-4)是：

两脚左右开立，一手叉腰，另一臂上举，并随上体向对侧振动。

5.体转运动

体转运动的动作方法(见图1-2-5)是：

两脚左右开立，两臂体前屈，身体向左、向右有节奏地扭转。

6.髋部运动

髋部运动的动作方法(见图1-2-6)是：

两脚左右开立，两手叉腰，髋关节放松，做向左、向右360°旋转。

7.踢腿运动

踢腿运动的动作方法(见图1-2-7)是：

两臂上举后振，同时一腿向后半步，然后两臂下摆后振，同时向前上方踢腿。

图 1—2—1

图 1—2—2

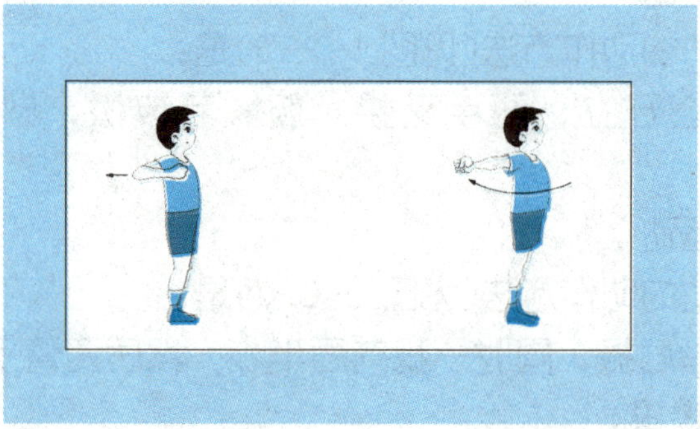

图 1—2—3

图 1—2—4

图 1—2—5

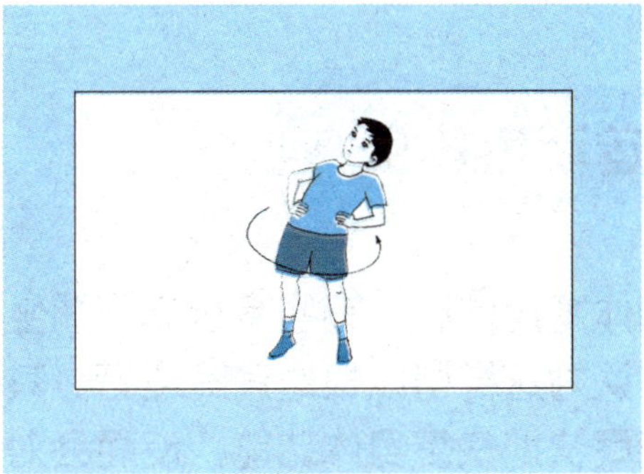

图 1—2—6

图 1—2—7

（二）时间和运动量

准备活动的时间和运动量随体育锻炼的内容和量而定，由于以健身为目的的体育运动量较小，因此准备活动的量也相对较小，时间也不宜过长，否则，还未进行体育锻炼身体就疲劳了。半小时的体育锻炼，准备活动时间一般以 10 分钟左右为宜。

第三节 运动后放松

进行剧烈的体育运动后，有些青少年习惯坐在地上，或是直接躺下来休息，认为这样可以快速消除疲劳。其实不然，这样做的结果不仅不能尽快地恢复身体功能，反而会对身体产生不良影响，正确的做法应该是运动后做一些整理活动，放松身体。

一、运动后整理活动的必要性

运动后的整理活动不但可以避免头晕等症状，还可以有效地消除疲劳。

（一）避免头晕

人体在停止运动后，如果停下来不动，或是坐下来休息，静脉血管失去了骨骼肌的节律性收缩，血液会由于受重力作用滞留在下肢静脉血管中，导致回心血量减少，心血输出量下降，造成暂时性脑缺血，出现头晕、眼前发黑等一系列症状，严重者甚至会出现休克。为了避免这些症状的发生，整理活动是非常必要的。

（二）消除疲劳

除了避免头晕等症状的发生，运动后的整理活动还可以改善血液循环状态，达到快速消除疲劳的目的。

二、放松方法

在运动后放松时，应注意以下几个问题：

（1）做一些放松跑、放松走等形式的下肢运动，促进下肢静脉血的回流，防止体育锻炼后心血输出量的过度下降；

（2）在下肢活动后进行上肢整理活动，右臂活动后做左臂的整理活动，通过这种积极性休息，使身体功能得到尽快恢复；

(3)整理活动的量不要过大，否则整理活动又会引起新的疲劳；

(4)在进行整理活动时，应当保持心情舒畅、精神愉快。

第四节 恢复养护

人体在运动后，除采用休息和积极性体育手段加速身体功能的恢复外，还可以根据体育运动的特点，补充不同的营养物质，以尽快消除疲劳。

体育运动结束后，人体内会产生一种叫作乳酸的酸性物质，它的积累会造成机体的疲劳，使恢复时间延长。所以，我们在体育运动后，应多补充一些碱性食物，如蔬菜、水果等，而动物性蛋白等肉类食品偏“酸”，在运动后的当天可适当减少。

第二章 拳击概述

拳击运动是一项在一个正方形绳围的比赛场地中，使用特制的手套，在一定的规则和条件下进行的竞技性的对抗项目。拳击具有极其强烈的竞争性和健身性，现代拳击在短短百余年的时间内，迅速发展成为世界上重要的体育运动项目之一，遍及多个国家和地区。

第一节 起源与发展

拳击运动源远流长，产生于人类社会之初。在公元前 688 年第 23 届奥林匹克竞技会上，拳击就被列为竞赛项目。现代拳击运动在百余年间，也取得了飞速发展。

一、起源

人类为了狩猎食物和保护自己，就用拳头、石块和棍棒来抵御野兽或者敌人的袭击，这就是最初拳击运动的雏形。

公元前 688 年，拳击被列为第 23 届奥林匹克竞技会的比赛项目，并逐渐在奥运会中占有重要的地位。

从公元前 8 世纪起，拳击者开始使用软皮手套。

到了公元前 5 世纪，软皮手套被一种硬皮手套代替。

16 世纪，拳击运动传播到了英国。

17 世纪末，拳击在英国复兴起来。

18 世纪初，在英国出现了有奖的拳击比赛。

1719 年，产生了被称为现代拳击始祖的第一位英国拳击冠军詹姆斯·菲格，他创立了世界上最早的拳击学校，该校成为培养英国拳击运动员的摇篮。

1838 年，英国制定颁布了《伦敦拳击锦标赛规则》，并应用在了拳击比赛中。

二、发展

1904 年，拳击被列入奥运会正式比赛项目。

1946 年，国际业余拳击联合会成立。

1964 年，在日本东京举行的第 18 届奥运会上，就有 56 个国家的 269 名运动员，参加了拳击 10 个级别的比赛。

1988 年，汉城举行的第 24 届奥运会上有 108 个国家的 441 名运动员参加了拳击 12 个级别的比赛。

1996 年，在亚特兰大举行的第 26 届奥运会上，来自五大洲的 364 名运动员参加了拳击 12 个级别的比赛。

2004 年，第 28 届奥运会上拳击的 11 个级别的比赛共有 312 名运动员参加。

现代业余拳击俱乐部蓬勃发展，为业余爱好者和喜爱这项运动的青少年提供了学习的条件。

第二节 特点与价值

现代拳击运动在短短的百余年间风靡全球，这与它的特点和价值是分不开的。

一、特点

拳击同其他体育项目一样，既具有一般体育项目的运动特点，又具有自身的特殊性。

(一)竞技性

拳击的特殊性在于它是运动员双方通过拳头的对抗，进行体能、技术和心理的较量。拳击的精髓就是进行竞技性的攻防对抗。

（二）艺术性

拳击被人们称作“艺术化的搏斗”。拳击不但是力量、技术、意志、心理、智慧的竞技和健美艺术，而且还可以培养人的高尚审美观。

二、价值

拳击对人体和社会具有极大的价值，这些价值主要表现在以下几个方面：

1.增强人体的力量

拳击比赛时要靠人体的爆发力来完成攻防动作，只有在最短的时间内将最大的力量发挥出来，才能够达到攻击的目的，而长期锻炼是增强拳手力量的重要途径。

2.提高灵敏性和反应能力

由于拳击这项运动要求锻炼者有较强的敏捷度和快速反应能力，所以经常练习拳击和参加拳击比赛的人，灵敏性和反应能力会得到充分的提高。

3.防身自卫的有效手段

拳击作为一种空手格斗技术，可以将其运用于实战之中。练习拳击可以提高练习者遇到侵犯时的自我保护能力，还可以将其作为保护国家、集体和他人的利益，维护社会的安定团结的武器。

第三章 拳击场地和装备

场地和装备是进行拳击运动必备的条件。良好的场地可以使运动员和练习者较高地发挥出自己的技术，对锻炼者和运动员技术水平的提高都有很大的好处。

第一节 场地

正常情况下，初学者最好到正规的比赛场地练习，但也可以在空地或家里的地板上进行练习，不过练习的时候一定要小心，以减少运动损伤。本节主要介绍正规比赛对场地的规格和设施等方面的要求。

一、规格

(1)拳击台呈正方形，高 1 米，边长应在 4.9～6.1 米范围内，根据具体情况而定；

(2)国际正式比赛的拳击台，边长均不得超过 6.1 米(见图 3—1—1)。

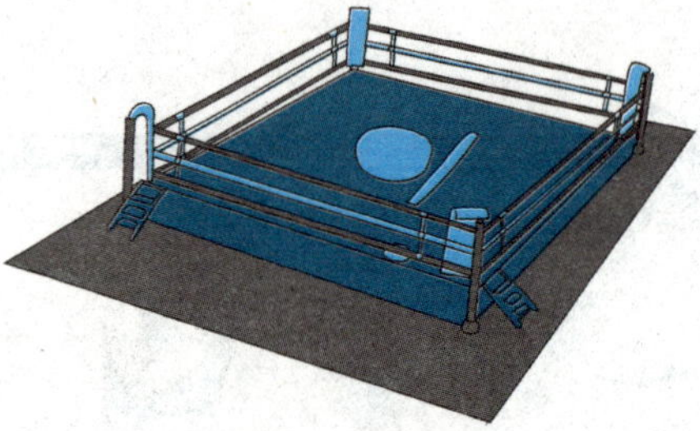

图 3—1—1

二、设施

(一)专用台阶

拳击台的一个中立角处应设置专用台阶，供场外医生和裁判员使用，同时也可避免比赛双方接触。

(二)立柱

台上的四角均设有固定在台角的立柱，4 个立柱间用 3 条粗绳围拦成一个正方形空间。

(三)垫子

台上的四角均放有 5～7 厘米厚，20 厘米宽的软护垫。比赛双方分为红色和蓝色，仲裁席左边放红色护垫，为红角方；对角放蓝色护垫，为蓝角方。

(四)围绳

(1)拳击台四周的围绳应坚固结实，一般用 3～5 厘米直径的粗绳，围绳应用柔软光滑的材料包起来，以免擦伤运动员。

(2)拳击台每侧有 3 道围绳，从 4 个角固定的立柱上拉出，3 道围绳距离拳击台面的高度分别为 40 厘米、80 厘米和 130 厘米。也可用 4 道绳，围绳离台面的高度分别为 40.6 厘米、71.1 厘米、101.6 厘米和 132.1 厘米。

(3)拳击台围绳以外四周至少要有 50 厘米的绳外台面，以保证运动员不致失足跌下。

(4)为了使围绳更加稳固，四周的围绳均须用两条质地紧密、宽 3～4 厘米的帆布，按照同等距离上下固定。

(五)其他

(1)红方角、蓝方角之外的两角，称为中立角，中立角处应放置 2 个小塑料袋，供台上裁判员放置用过的止血棉球和纱布等；

(2)正对主席台的一面应设 2 把椅子、2 张桌子，拳台的其他三面各设 1 张桌子和 1 把椅子，供 5 名评判员使用；

(3)在供医生和裁判员使用的中立角处，有供医疗组使用的 3 把椅子和 1 张桌子。

第二节 装备

比赛装备必须齐全，主要包括服装、鞋和护具等。

一、服装

比赛时选手必须穿着背心和短裤，短裤应长至大腿中上部，如果背心和短裤的颜色相同，则必须用醒目的颜色标出腰带线，腰带标志线宽 10 厘米(见图 3-2-1)。

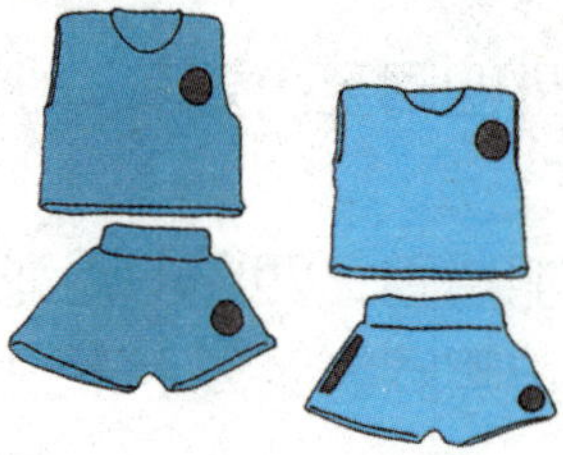

图 3-2-1

二、鞋

比赛运动员必须穿软底无跟的平底鞋或靴。比赛中，如果拳手的鞋子损坏，1 分钟之内不能换好，台上裁判员可请求仲裁委员会允许延长时间到 2 分钟(见图 3-2-2)。

图 3-2-2

三、护具

(一)拳击手套

手套拳峰的击打面应用非常清晰的白色标出，以便当拳手击打时，台上裁判员和评判员能判别出是否用拳峰部位击中对方。

拳套不能有丝毫破损，带子要结扎在拳套背部。露在手套背面的结头用橡皮膏粘住，但橡皮膏长度不应超过 7.5 厘米，宽度不应超过 2.5 厘米(见图 3-2-3)。

图 3-2-3

(二)护手绷带

护手绷带能保护运动员的手，长度为 2.5 米，宽度为 5 厘米。

(三)护裆

比赛运动员必须佩戴硬质的塑料护裆。

(四)护齿

比赛运动员必须戴护齿。护齿主要用来保护运动员的牙齿及颌部，护齿大小以合适为宜。比赛中不允许拳手故意吐出护齿，否则将受到警告。

(五)护头

业余运动员比赛时必须戴护头，护头大小以适合自己的脑袋为宜。护头要求质量好，经久耐用，能够有效地保护头部。

第四章 拳击基本技术

拳击的基本技术是拳击练习者应该掌握的实用的技术。基本技术的好坏，直接影响到运动员的实战能力，包括基本动作、基本拳法、防守与反击和闪躲防守与反击等。

第一节 基本动作

拳击基本动作是学习拳击者首先应掌握的技术，包括准备姿势、握拳法和基本步法等。

一、准备姿势

准备姿势包括下身姿势和上身姿势等。标准的站立姿势的动作方法(见图 4-1-1)是：

(1)以正手为例，两脚分开站立，约与肩同宽，重心在两脚之间，脚尖着地，脚跟略抬起，膝关节略屈；

(2)上体直立，含下颌，目视前方。

图 4-1-1

(一)下身姿势

下身姿势的动作方法是：

(1)面向对方，相隔半步，双臂自然下垂，站稳；

(2)左脚向前迈出 35～45 厘米，也可以根据自己身高和习惯来确定距离，以自己感觉舒适为宜；

(3)右脚与左脚呈 45°角，左右脚分开 20～30 厘米，其主要目的是当受到外来打击时，身体能够保持平衡。若站成一条横线，则无法经受从前方击来的直拳，容易后倒。站成一条竖线，容易横倒，对攻防两方面均不利；

(4)后脚跟抬起 5 厘米左右，将自己体重均匀地落到前后脚趾骨基节部位，前腿膝关节略屈，同时后腿也跟着前腿略屈，重心置于两腿之间，身体不论处于静止还是移动状态，重心投影均不得越出两足以及两足间的支撑面。

(二)上身姿势

上身姿势的动作方法是：

(1)低头收下颌，前额朝向对方，双目注视对方眼睛，上下齿合拢，舌贴上腭，面部表情自然，一般从对方眼睛能判断其进攻意图；

(2)上身自然地落于腰部，不能向左、右、前、后歪斜，上体斜向对方，略前含胸，左肩略向前，两肩勿过分耸起，也不要下垂，当身体向左或向右扭动时，应以腰部和髋关节作转动轴；

（3）左臂在前，右臂在后，左拳略高于肩，同对方下颌平齐，防护左面颊，左肘屈大于 90°，下垂防护左肋，右拳置于肩前，防护右面颊，右肘屈小于 90°，下垂防护右肋，右拳轻轻握紧并对准对方下颌。为保护下颌和左耳，左肩向前伸出的同时应略上提。

二、握拳法

拳是拳击手的唯一武器，拳击手的打击之所以有很大的威力，不是因为拳头硬，而是因为拳头有很大的速度和力量。正确的握拳法是打出有力拳的第一步，动作方法（见图 4-1-2）是：

（1）食指和中指、小指和无名指并拢内屈，拇指置于中指和食指上面，拳头略内扣，拳峰朝向对方；

（2）握拳不要太用劲，否则臂肌会很快疲劳，拳速也会降低。但在拳击对方要害部位的一刹那，应用力握拳；

（3）食指到小指第一关节和第二关节所形成的平面是指关节部位。指关节部位的中心在中指和食指之间，应用这个关节中心，即“拳峰”，打击对方要害部位。

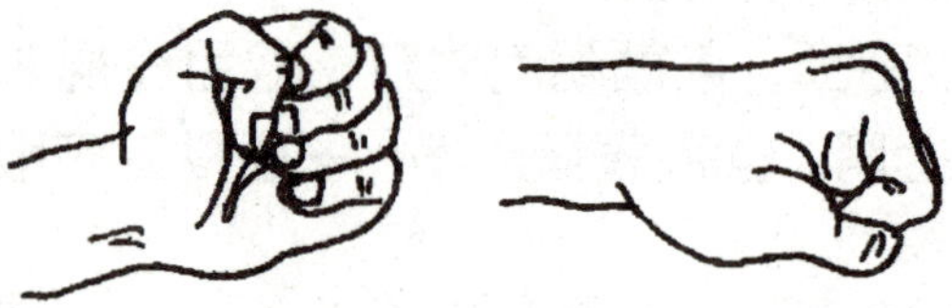

图 4-1-2

三、基本步法

步法是拳击技术的重要组成部分，双方对抗时保持身体平衡，灵活地移动身体，使自己始终处于进攻和防御的最佳位置，是一名拳击运动员应具备的基本素质，因此步法的移动包含着进攻和防御双重含义。基本步法包括滑步、冲刺步、侧步、环绕步和撤步等。

（一）滑步

滑步包括前滑步、后滑步、左滑步和右滑步等。

1.前滑步

前滑步的动作方法（见图 4-1-3）是：

（1）右脚掌蹬地，左脚略离地面，向前滑进 20～30 厘米，后脚轻擦地面跟进；

（2）移动步幅略大于肩距；

（3）两脚以脚掌着地，身体重心始终保持于两腿之间。

2.后滑步

后滑步的动作方法（见图 4-1-4）是：

左脚掌蹬地，右脚略离地面，向后滑行 20～30 厘米，左脚随即后滑一步，保持基本姿势。

3.左滑步

左滑步的动作方法（见图 4-1-5）是：

右脚蹬地，左脚向左侧横滑一步 20～30 厘米，右脚随即跟进，保持原来姿势。

4.右滑步

右滑步的动作方法(见图 4-1-6)是：

左脚蹬地，右脚向右侧横滑一步，20～30 厘米，左脚随即跟进，保持原来姿势。

图 4-1-3

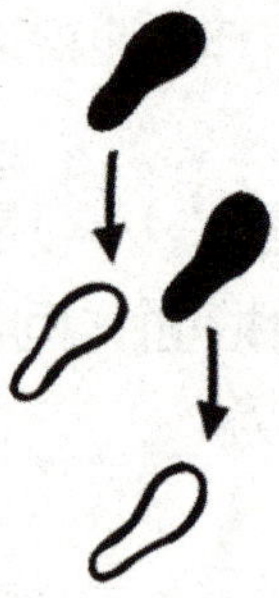

图 4-1-4

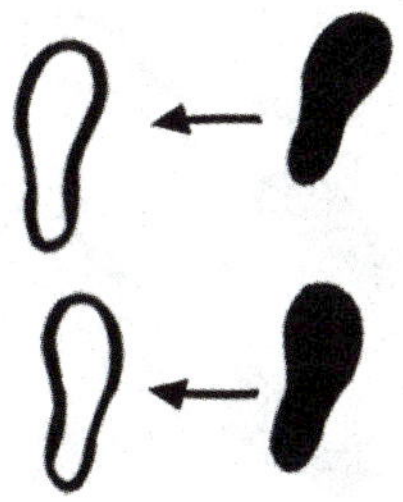

图 4-1-5

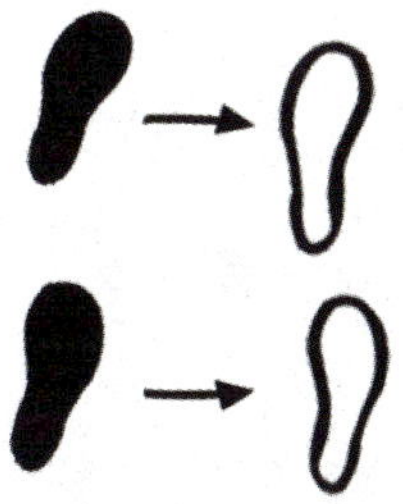

图 4-1-6

(二)冲刺步

冲刺步的动作方法(见图 4-1-7)是:

(1)左脚平放在地面上，着力点置于前脚掌上，右脚前脚掌着地，脚跟略抬起；

(2)左脚急速向前迈进一步，40～50 厘米，右脚随即跟上一步，仍保持拳击攻防姿势，冲刺步与前滑步动作相似，但速度更快。

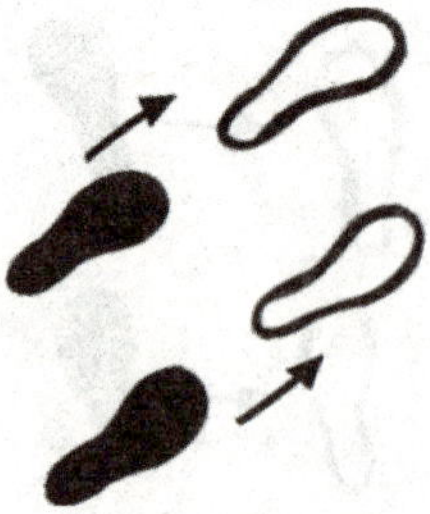

图 4-1-7

(三)侧步

侧步包括右侧步和左侧步等。

1.右侧步

右侧步的动作方法(见图 4-1-8)是:

当对方打右直拳时,应右足先起动,向右后侧转,左足以足尖为轴,足跟向左侧转动 40°～60°,人站在对方右拳外侧。

2.左侧步

左侧步的动作方法(见图 4-1-9)是:

(1)当对方打左直拳时,应右足先起动,向右侧上一步,左足以足尖为轴,原地向右转 100°～120°;

(2)站于对方左拳外侧位置,左侧步比右侧步难度大,因为左侧步比右侧步更接近对方右手,受到对方右手打击的可能性更大;

(3)掌握左侧步法能发挥自己的有力武器打击对方腹部和下颌。

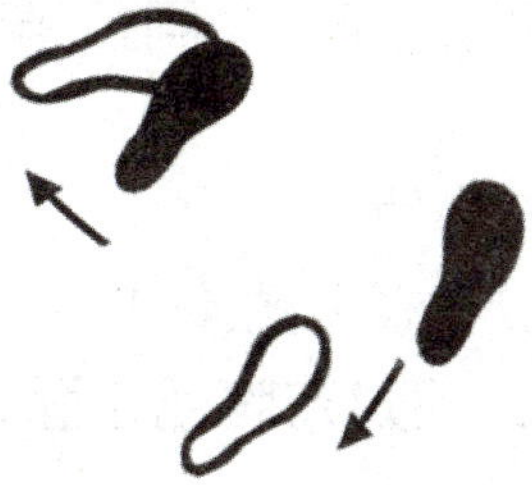

图 4-1-8

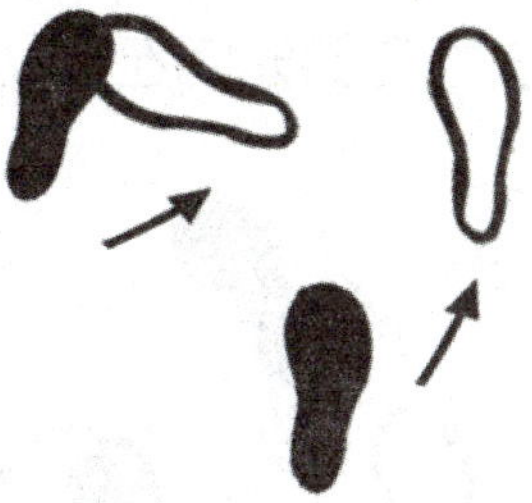

图 4-1-9

(四)环绕步

环绕步是以对方为中心，并围绕其移动的一种步法，包括逆时针环行(向右环行)和顺时针环行(向左环行)等。

1.逆时针环行(向右环行)

逆时针环行的动作方法(见图 4-1-10)是：

(1)当对方用左直拳打击时，应向右侧动一点，用左直拳反击；

(2)因为对方的惯性和自己打出的冲力加在一起，其破坏力极大，所以应逆时针方向击拳，即向右侧环行，这种环行法最安全。

2.顺时针环行(向左环行)

顺时针环行的动作方法(见图 4-1-11)是：

(1)站在对方内侧，即对方腹部正面，充分利用自己右手进行攻击；

(2)对方为了防守，将向右转体，而使对攻双方站在一条直线上，此时若向左环行，受对方攻击的可能性较大，因此要做好防护；

(3)向左环行的脚法为左脚先向左移动，右脚跟着向左移动。

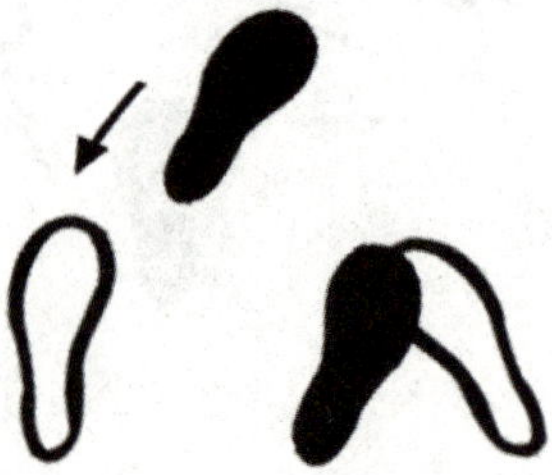

图 4-1-10

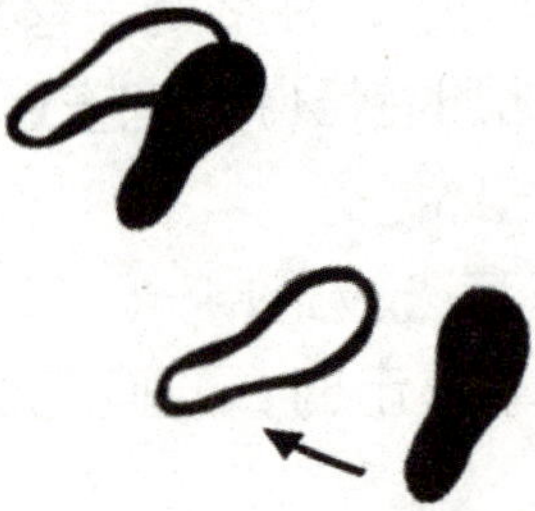

图 4-1-11

（五）撤步（又称急退步）

撤步的动作方法（见图 4-1-12）是：

前脚掌用力蹬地，后脚向后撤一大步，同时迅速收回前脚，以保持拳击的攻防姿势。

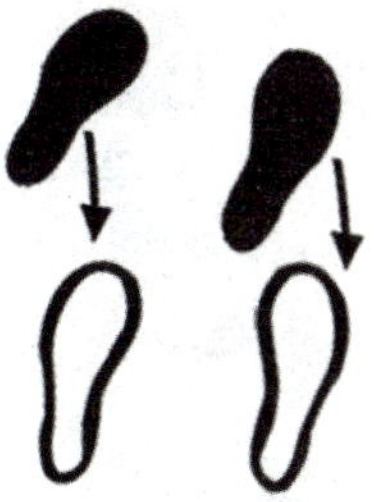

图 4-1-12

第二节 基本拳法

基本拳法是指拳击运动中最基本、最常用、最重要和必须掌握的几种拳法。基本拳法包括刺拳、直拳、摆拳、上勾拳和平勾拳等。

一、刺拳

刺拳的动作方法（见图 4-2-1）是：

（1）臂膀由屈到伸，拳头直线出击；

(2)当肘臂将要伸直时，拳头向内旋转或拳背向上；

(3)左脚应在出拳的同时向前滑步，靠近对方，使出击的拳带有推力和压力；

(4)拳打出时，上体应略前倾，并配合送肩动作，以加大打击力量和幅度。

图 4-2-1

二、直拳

直拳包括左直拳和右直拳等。

1.左直拳

左直拳的动作方法(见图 4-2-2)是：

(1)作站立姿势，从鼻尖向对方画一个假想直线，与两肩直线成 45°；

(2)出左直拳时，将左肩转动到假想直线，即把左拳向内转动 45°，与此同时，左脚向前一步，迅速出拳；

(3)出拳时，胳臂和肩部肌肉要放松，不能过分紧张；

(4)当要击打到对方要害部位时，才握紧拳头；

(5)出左拳时，收腹含胸，右肘贴于心口窝部位，右手置于下颌，下颌也应内收，以防对方反击。

2.右直拳

右直拳的动作方法(见图 4-2-3)是：

(1)站立姿势，同时右肩向内转 135°，右拳向前直击，左肩略低一点，右脚尖用力蹬地，右膝盖几乎触及左膝盖；

(2)出拳同时，前脚向前迈一步，以正好击中对方的距离为宜，用前脚掌负担身体重量，足跟平浮于地面，后足跟踮起；

(3)在前脚掌完成支撑动作的一瞬间，后脚迅速跟上一步，或者前脚收回一步，仍保持拳击攻防姿势；

(4)右直拳的发力主要靠出拳速度、身体向前运动的速度，以及送肩动作。

图 4-2-2

图 4-2-3

三、摆拳

摆拳包括左摆拳和右摆拳等。

1.左摆拳

左摆拳的动作方法(见图 4-2-4)是：

(1)从基本预备姿势开始，左臂略向前伸，左拳向右后方摆击；

(2)摆拳路线为平面半圆形，左拳出击时，拳及小臂均向内旋，肘部上翻，但不可过高，小臂与大臂夹角 120°～130°，拳心向下，拳眼向后，拳峰对准击打处，手臂呈大半月形状，用腰胯扭动来增加发拳力量；

(3)右拳略上举，保护下颌，摆击结束后，立即收回，还原成基本姿势。

2.右摆拳

右摆拳的动作方法与左摆拳相同，只是方向相反(见图 4-2-5)。

图 4-2-4

图 4-2-5

四、上勾拳

上勾拳包括左上勾拳和右上勾拳等。

1.左上勾拳

左上勾拳的动作方法(见图 4-2-6)是：

(1)由实战姿势开始，身体略向左侧转；

(2)迅速拧转上体，左脚掌用力蹬地，左拳随之向下、向前、向上，前臂外旋，直冲对方腹部或下颌处；

(3)前臂与上臂屈似钩状，右拳保持原姿势不变，击打后按原路线收回。

2.右上勾拳

右上勾拳的动作方法(见图 4-2-7)是：

(1)身体右转，略屈右腿，沉低右肩；

(2)拳峰朝上内扣，右拳略下降，迅速屈臂，由下向上勾击，同时伸右腿右脚，并向内碾地，以增加击打力量；

(3)发拳过程中，上体略向左转，右肩随拳转动，略向前移，同时左拳迅速收回，保护下颌。

图 4-2-6

图 4-2-7

五、平勾拳

平勾拳包括左平勾拳和右平勾拳等。

1.左平勾拳

左平勾拳的动作方法(见图 4-2-8)是:

(1)拳背朝上，拳面内扣，肘臂夹角大约成 90°；

(2)出拳同时左右脚向前移小半步，击中目标时，拳心斜向内下方，利用腰部突然转动的力量，身体重心移到右脚，并略向右侧转体 20°～45°；

(3)当击中目标时，左臂向胸部右侧方转移，臂部肌肉由放松到突然紧张，之后再迅速放松，保护上体，此时身体重心移到右脚上，左脚跟外转。

2.右平勾拳

右平勾拳的动作方法(见图 4-2-9)是:

同左平勾拳，只是腰部向左扭转，左脚在前，略向左碾动，身体重心略移向左脚。

图 4-2-8

图 4-2-9

第三节 防守与反击

在拳击比赛中，攻击和防守是密切配合进行的，二者的重要性相同。每一次进攻，都将伴随着一个正确的防守来抵御这种攻击。不能简单地把防守仅仅看成是为了阻挡对方的攻击。拳击防守技术由拍、挡、格、闪、让、阻等动作构成，在运用这些方法的同时，还应结合相应的反击技术一并使用，这样才能起到后发制人的效果。防守与反击包括拍击防守与反击、阻挡防守与反击和格挡防守与反击等。

(一)拍击防守与反击

拍击防守与反击包括拍击左直拳防守反击和拍击右直拳防守反击等。

1.拍击左直拳防守反击

拍击左直拳防守反击的动作方法（见图 4-3-1）是：

（1）当对方用左直拳进攻时，应用右拳向左拍击来拳，使其改变方向，拍击动作幅度要小，仍保持拳击攻防姿势；

（2）在向左拍击刺拳的同时，出左刺拳击打对方下颏。

2.拍击右直拳防守反击

拍击右直拳防守反击的动作方法（见图 4-3-2）是：

对方用右直拳进攻，应用左拳向右拍击来拳，同时反击，左拳拍击动作幅度不宜过大。

图 4-3-1

图 4-3-2

(二)阻挡防守与反击

阻挡防守与反击包括肩部阻挡法、肘部阻挡法、拳阻挡法、阻挡右摆拳击面、阻挡左上勾拳下颏、阻挡左上勾拳击腹、阻挡左侧勾拳击面、阻挡左直拳击腹和阻挡右直拳击腹等。

1.肩部阻挡法

肩部阻挡法的动作方法(见图 4-3-3)是:

(1)肩部阻挡法是用左肩阻挡对方的强打，此时左脚跟略抬起，右脚掌着地;

(2)略向右转体，左肩略提，重心落于右脚，右手防备对方的第二个打击。

2.肘部阻挡法

肘部阻挡法的动作方法(见图 4-3-4)是:

(1)肘和身体应保持一体进行防守;

(2)右肘阻挡对方左手拳的进攻，左肘阻挡对方右手拳的攻击。

3.拳阻挡法

拳阻挡法的动作方法(见图 4-3-5)是:

(1)当对方拳攻时，应迅速用相应的拳阻挡，阻止其继续进攻，使其进攻落空;

(2)在使用挡法与对方拳头接触的一瞬间，要憋气鼓劲，拳部肌肉保持紧张，以增强抵抗力。

4.阻挡右摆拳击面

阻挡右摆拳击面的动作方法(见图 4-3-6)是:

当对方用右摆拳击打左侧腮面时，应上体略后让，向右转，同时用左肩臂阻挡对方来拳，随即用右直拳反击其左腮面。

5.阻挡左上勾拳下颏

阻挡左上勾拳下颏的动作方法(见图4-3-7)是：

(1)当对方用左上勾拳击打下颏时，腰部应略向左转，同时以右肘部阻挡来拳；

(2)右肘部要保持一定的紧张度，避免右肋受到间接打击；

(3)防守同时，用左勾拳反击对方右腮面。

6.阻挡左上勾拳击腹

阻挡左上勾拳击腹的动作方法(见图4-3-8)是：

(1)对方用左上勾拳击打腹部时，腰部应向左转；

(2)屈左肘臂阻挡来拳，随即用右勾拳反击对方左腮面。

7.阻挡左侧勾拳击面

阻挡左侧勾拳击面的动作方法(见图4-3-9)是：

(1)当对方用左勾拳击打右腮面时，上身应略向左转，同时屈右肘；

(2)右肩臂阻挡对方左勾拳，同时要保持一定的紧张度；

(3)随后用勾拳反击对方右腮面。

8.阻挡左直拳击腹

阻挡左直拳击腹的动作方法(见图4-3-10)是：

(1)当对方用左直拳击打腹部时，应略向左转；

(2)屈右肘臂，用右臂阻挡对方左直拳，同时臂部要保持一定的紧张度；

(3)随即用左摆拳反击对方左腮面。

9.阻挡右直拳击腹

阻挡右直拳击腹的动作方法(见图4-3-11)是：

(1)当对方用右直拳击打腹部时，应略向右转；
(2)收屈左臂，用肘臂阻挡右直拳，同时保持一定的紧张度；
(3)随即用右摆拳反击对方左腮面。

图 4—3—3

图 4—3—4

图 4—3—5

图 4—3—6

图 4—3—7

图 4-3-8

图 4-3-9

图 4-3-10

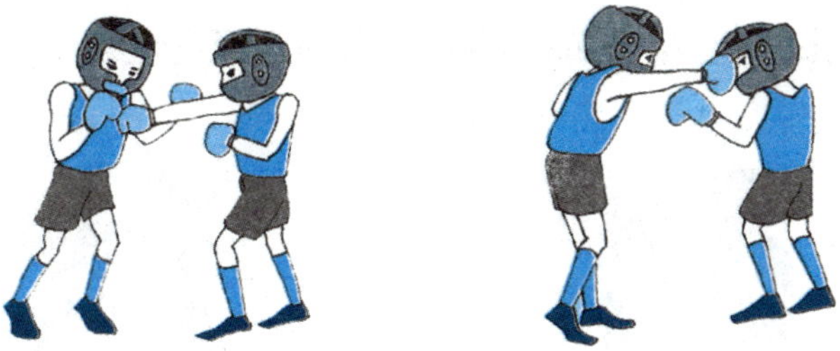

图 4-3-11

(三)格挡防守与反击

格挡防守是利用杠杆力作用原理，用拳或前臂挡住或格开对方打来的拳，从而取得有利的位置去打击对方。使用格挡防守需要有准确的判断和敏捷的动作，在对方拳击中身体之前，将其格开，使其改变方向。格挡防守使用得当，可以给自己创造有利的攻击位置和机会。格挡防守与反击包括格挡左勾拳后反击和格挡右勾拳后反击等。

1.格挡左勾拳后反击

格挡左勾拳后反击的动作方法(见图 4-3-12)是：

(1)当对方用左勾拳击打右腮面时，右臂应略前伸抬高来格挡对方的勾拳；

(2)随即用左摆拳或左勾拳反击对方右腮面。

2.格挡右勾拳后反击

格挡右勾拳后反击的动作方法(见图 4-3-13)是：

(1)当对方用右勾拳击打左腮面时，用左前臂略提高来格挡对方的勾拳；

(2)随即用右勾拳或右摆拳反击对方左腮面。

图 4—3—12

图 4—3—13

第四节 闪躲防守与反击

闪躲防守是一种灵敏的防守技术。熟练的闪躲在拳击防御技术体系中是经典技术，也是现代拳击运动技术发展的趋势。高质量的闪躲动作细腻、敏捷。闪躲防守使用得当，不但可以消耗对方体力，还能使对方处于被动，并暴露出防御上的空隙。由于闪躲防守有利于保存体力和发动反击，因此有经验的拳击手多运用闪躲法进行防守。实战中，多采用先诱使对方出拳，然后不失时机地进行躲闪、还击，从而达到取胜的目的。闪躲防守与反击包括闪躲防守战术和闪躲反击技术等。

一、闪躲防守战术

闪躲防守战术的动作方法(见图 4-4-1)是：

(1)对方用右直拳进攻，应后腿略屈，身体重心落于后足，上体略前倾，向右躲过对方的右直拳，用右上勾拳击打其头部；

(2)对方用右直拳进攻，应两腿半屈，降低上身，躲过对方右直拳，用右上勾拳反击其腹肋部；

(3)对方用右直拳进攻，应身体重心移至前足并半屈膝，上体向对方右直拳外侧闪躲，用左上勾拳反击其肋部。

图 4—4—1

二、闪躲反击技术

闪躲反击技术包括闪躲摆拳与反击和闪躲勾拳与反击等。

(一)闪躲摆拳与反击

闪躲摆拳与反击的动作方法(见图 4—4—2)是：

(1)对方用左摆拳进攻，应屈膝，降低身体重心，向对方左外侧闪躲，用右上勾拳反击其左肋；

(2)对方用右摆拳进攻，应屈膝，降低身体重心，向对方右外侧闪躲，用右上勾拳反击其腹部。

图 4-4-2

(二)闪躲勾拳与反击

闪躲勾拳与反击的动作方法(见图 4-4-3)是：

(1)对方用左平勾拳进攻，身体重心应移到后足，并略屈膝，上体后让，躲过对方左平勾拳，用右摆拳反击其左腮面；

(2)对方用右平勾拳进攻，应后腿略屈，上体后让，躲过对方右平勾拳，用左摆拳反击其右腮面。

图 4-4-3

第五章 拳击实战战术

实战战术是根据对方的情况，为战胜对方而采取的策略和方法，拳击的实战战术包括阻挡反击、拍击反击、闪躲反击和主动进攻等。

第一节 阻挡反击

阻挡反击是指在实战中采取非主动进攻，通过对方进攻抓住进攻机会反击的战术，包括 5 种战术方法。

一、拳阻左直拳攻头—反击左直拳击头—右上勾拳击颌

拳阻左直拳攻头—反击左直拳击头—右上勾拳击颌的动作方法(见图 5-1-1)是：

(1)双方从实战准备姿势开始，当对方用左直拳进攻头部时，应用右拳阻挡其左拳；

(2)随即快速用左直拳反击对方头部；

(3)紧接着用右上勾拳攻击对方下颌。

图 5-1-1

二、拳阻右直拳攻头—拍防右直拳攻头—拍防左直拳攻头—反击左摆拳击头

拳阻右直拳攻头—拍防右直拳攻头—拍防左直拳攻头—反击左摆拳击头的动作方法(见图 5–1–2)是：

(1)双方从实战准备姿势开始，当对方用右直拳进攻头部时，用右拳阻挡其右拳；

(2)对方继续用右直拳进攻头部，应用左拳向内拍防其右拳；

(3)对方再用左直拳进攻头部，应用右拳向内拍防其左拳；

(4)随即用左摆拳反击对方头部。

图 5–1–2

三、下阻右直拳攻腹—反击右上勾拳击颌—左平勾拳击颌

下阻右直拳攻腹—反击右上勾拳击颌—左平勾拳击颌的动作方法(见图 5—1—3)是:

(1)双方从实战准备姿势开始，当对方用右直拳攻击腹部时，用左前臂向下阻挡来拳;

(2)随即用右上勾拳反击对方下颌;

(3)紧接着用左平勾拳攻击对方右颌部。

图 5—1—3

四、拳阻右直拳攻头—拍防右直拳攻头—反击右上勾拳击颌

拳阻右直拳攻头—拍防右直拳攻头—反击右上勾拳击颌的动作方法(见图 5-1-4)是：

(1)双方从实战准备姿势开始，当对方用右直拳攻击头部时，用右拳阻挡其右拳；

(2)对方继续用右直拳攻击头部，应用左拳向内拍防对方右拳；

(3)随即用右上勾拳反击对方下颌。

图 5-1-4

五、拳阻右直拳攻头—拍防右直拳攻头—挡左直拳攻头—反击左摆拳击头

拳阻右直拳攻头—拍防右直拳攻头—挡左直拳攻头—反击左摆拳击头的动作方法(见图 5–1–5)是：

(1)双方从实战准备姿势开始，当对方用右直拳进攻头部时，用右拳阻挡其右拳；

(2)对方继续用右直拳进攻头部，应用左拳向内拍防其来拳；

(3)对方再用左直拳进攻头部，应用右手前臂向外阻挡其左拳；

(4)随即用左摆拳反击对方头部。

图 5–1–5

第二节 拍击反击

拍击反击是指在对方进攻时，通过用手拍的方式改变对方进攻路线，或是破坏对方进攻，从而抓住机会反击，下面主要介绍 3 种战术方法。

一、拍防右直拳攻头—反击下潜左直拳击腹—右直拳击头—左摆拳击头

拍防右直拳攻头—反击下潜左直拳击腹—右直拳击头—左摆拳击头的动作方法(见图 5-2-1)是：

(1)双方从实战准备姿势开始，当对方用右直拳攻击头部时，应用左拳向内拍击其右拳；

(2)随即屈膝下潜，同时用左直拳反击对方腹部；

(3)紧接着随身体直立，用右直拳攻击对方头部，连续用左摆拳攻击对方右侧颌部。

图 5-2-1

二、拍防左直拳攻头—侧闪右直拳攻头—反击左摆拳击头

拍防左直拳攻头—侧闪右直拳攻头—反击左摆拳击头的动作方法(见图 5-2-2)是：

(1)双方从实战准备姿势开始，当对方用左直拳进攻头部时，应用右拳向内拍防其左拳；

(2)对方继续用右直拳攻击头部，应向左侧闪躲其来拳；

(3)随即用左摆拳反击对方头部。

图 5—2—2

三、拍击右直拳攻头—反击左直拳击头—右直拳击头

拍击右直拳攻头—反击左直拳击头—右直拳击头的动作方法(见图 5—2—3)是：

(1)双方从实战准备姿势开始，当对方用右直拳攻击头部时，应用右拳向外拍击其右拳；

(2)随即用左直拳反击对方头部；

(3)紧接着用右直拳攻击对方头部。

图 5-2-3

第三节 闪躲反击

闪躲反击是指在对方进攻时通过闪躲的方式避开进攻，然后抓住机会，采取反击，主要介绍 5 种战术方法。

一、左侧闪对方左直拳攻头—反击左直拳击胸—右勾拳攻腹

左侧闪对方左直拳攻头—反击左直拳击胸—右勾拳攻腹的动作方法(见图 5-3-1)是：

(1)双方从实战准备姿势开始，当对方用左直拳攻击头部时，应迅速随身体向左侧闪躲，同时提右肩闪开来拳；

(2)随即快速用左直拳反击对方胸部；

(3)紧接着用右勾拳攻击对方腹部。

图 5-3-1

二、下潜避左直拳攻头—反击左直拳击腹—摇避右直拳攻头—反击右直拳击腹

下潜避左直拳攻头—反击左直拳击腹—摇避右直拳攻头—反击右直拳击腹的动作方法(见图 5-3-2)是：

(1)双方从实战准备姿势开始，当对方用左直拳进攻头部时，应迅速屈膝下潜，避开来拳，同时迅速用左直拳反击其腹部；

(2)对方右直拳攻向头部，应迅速向左侧摇头避开来拳，同时用右直拳反击其腹部。

图 5—3—2

三、后躲左直拳攻头—反击左直拳击头—右直拳击头—左直拳击头

后躲左直拳攻头—反击左直拳击头—右直拳击头—左直拳击头的动作方法(见图 5—3—3)是：

(1)双方从实战准备姿势开始，当对方用左直拳进攻头部时，身体应向后闪躲开来拳；

(2)随即重心前移，同时用左直拳反击对方头部；

(3)紧接着用右直拳和左直拳连续攻击对方头部。

图 5-3-3

四、左侧闪右直拳攻头—右侧左直拳攻头—反击右摆拳击头

左侧闪右直拳攻头—右侧闪左直拳攻头—反击右摆拳击头的动作方法(见图 5-3-4)是：

(1)双方从实战准备姿势开始，当对方用右直拳进攻头部时，应向左侧闪躲来拳；

(2)当对方继续用左直拳进攻头部时，应向右侧闪躲来拳；

(3)随即用右摆拳反击对方头部。

图 5—3—4

五、侧闪右直拳攻头—侧闪左直拳攻头—反击右上勾拳击颌

侧闪右直拳攻头—侧闪左直拳攻头—反击右上勾拳击颌的动作方法(见图 5—3—5)是：

(1)双方从实战准备姿势开始，当对方用右直拳进攻头部时，应向左侧闪躲来拳；

(2)对方继续用左直拳攻击头部，应向右侧闪躲其左直拳；

(3)随即用右上勾拳反击对方颌部。

图 5-3-5

第四节 主动进攻

主动进攻是指在实战中主动抓住进攻机会，在对方进攻之前采取首先进攻的方法，以获得主动，包括 13 种战术方法。

一、刺拳攻头—侧闪左直拳攻头—还击右上勾拳击颌

刺拳攻头—侧闪左直拳攻头—还击右上勾拳击颌的动作方法（见图 5-4-1）是：

（1）双方从实战准备姿势开始，主动前滑步迅速接近对方，同时用刺拳攻击其头部；

（2）对方在拍防来拳后用左直拳反击头部，应迅速向右侧闪躲其左直拳；

（3）随即右脚蹬地，身体左转，左拳回收颌前保护头部，同时迅速顺势用右上勾拳还击对方颌部。

图 5-4-1

二、刺拳攻头—格防右直拳还击—潜避右直拳连击—反击左摆拳击头

刺拳攻头—格防右直拳还击—潜避右直拳连击—反击左摆拳击头的动作方法(见图 5-4-2)是:

(1)双方从实战准备姿势开始，主动前滑步迅速接近对方，同时用左手刺拳攻击其头部；

(2)对方拍防后用右直拳还击头部，应用左臂格挡防守对方的还击；

(3)对方再次用右直拳连续攻击头部，应利用下潜法由内向外摇避其右直拳；

(4)摇避时向左侧上步，上体直立，迅速用左摆拳攻击对方头部右侧。

图 5-4-2

三、刺拳攻头—格挡左直拳—反击左平勾拳击头—右上勾拳击颌

刺拳攻头—格挡左直拳—反击左平勾拳击头—右上勾拳击颌的动作方法(见图 5-4-3)是:

(1)双方从实战准备姿势开始，前冲步迅速接近对方，同时用刺拳攻击其头部;

(2)对方防守后用左直拳还击头部，应左脚向左出步，同时用左臂向外格挡对方左拳;

(3)随左脚蹬地，身体右转，右拳回收颌前，同时用左平勾拳迅速顺势反击对方头部右侧;

(4)随右脚蹬地，身体左转，左拳回收颌前，同时迅速顺势用右上勾拳攻击对方颌部。

图 5-4-3

四、左直拳攻头—格挡左直拳还击—格挡右直拳还击—反击右直拳击头

左直拳攻头—格挡左直拳还击—格挡右直拳还击—反击右直拳击头的动作方法(见图 5-4-4)是:

(1)双方从实战准备姿势开始，前滑步迅速接近对方，同时用左直拳攻击对方头部;

(2)对方防守后用左直拳还击头部，应在向左侧闪的同时，用右臂向外格挡对方左拳;

(3)对方继续用右直拳还击头部，应在向右侧闪的同时，用左臂向外格挡对方右拳;

(4)随右脚蹬地，身体左转，左拳回收颌前，同时迅速顺势用右直拳反击对方头部。

图 5—4—4

五、左直拳攻头—右直拳攻头

左直拳攻头—右直拳攻头的动作方法(见图 5—4—5)是：

(1)双方从实战准备姿势开始，前滑步迅速接近对方，同时用左手直拳攻击其头部，对方用左格挡防守来拳；

(2)随右脚蹬地，身体左转，左拳回收于颌前护头，同时迅速顺势用右直拳攻击对方头部。

图 5—4—5

六、左直拳攻头—左直拳击胸

左直拳攻头—左直拳击胸的动作方法(见图 5—4—6)是：

(1)双方从实战准备姿势开始，前滑步迅速接近对方，同时用左直拳攻击其头部；

(2)击打目标后，左拳略回收，迅速随前滑步用左直拳攻击对方胸部。

图 5—4—6

七、左直拳攻头—右直拳攻头—左直拳攻头

左直拳攻头—右直拳攻头—左直拳攻头的动作方法(见图5—4—7)是:

(1)双方从实战准备姿势开始，应主动用前滑步迅速接近对方，同时用左直拳攻击其头部;

(2)紧接着随连接前滑步，用右直拳和左直拳连续攻击对方头部。

图 5—4—7

八、下潜左直拳攻胸—左上勾拳击颌

下潜左直拳攻胸—左上勾拳击颌的动作方法（见图 5—4—8）是：

（1）双方从实战准备姿势开始，突然屈膝下潜，在身体直起过程中前冲步逼近对方，同时用左直拳攻击其胸部；

（2）随右脚蹬地，身体左转，左拳收回于颌前护头，同时迅速顺势用右上勾拳攻击对方颌部。

图 5—4—8

九、左直拳攻头—右直拳攻击—左平勾拳击头

左直拳攻头—右直拳攻击—左平勾拳击头的动作方法(见图5—4—9)是：

(1)双方从实战准备姿势开始，主动前滑步迅速接近对方，同时用左直拳攻击其头部；

(2)紧接着随右脚蹬地，身体右转，左拳回收于颌前护头，同时迅速顺势用右摆拳攻击对方头部；

(3)前冲刺步逼近对方，同时用左手平勾拳攻击其头部右侧。

图 5—4—9

十、左直拳攻头—潜防右直拳还击同时右直拳反击—直拳击腹

左直拳攻头—潜防右直拳还击同时右直拳反击—直拳击腹的动作方法(见图 5—4—10)是：

(1)双方从实战准备姿势开始，主动前滑步迅速接近对方，同时用左直拳攻击其头部；

(2)对方防守后用右直拳还击头部，应迅速屈膝下潜，从内向外摇避对方右直拳，同时用右直拳反击其腹部；

(3)紧接着随左脚蹬地，身体右转，右拳回收于颌前护头，同时迅速顺势用左直拳攻击对方腹部。

图 5-4-10

十一、左直拳攻头—右勾拳攻腹—左勾拳击胸—右平勾拳击头

左直拳攻头—右勾拳攻腹—左勾拳击胸—右平勾拳击头的动作方法(见图 5-4-11)是：

(1)双方从实战准备姿势开始，主动前滑步迅速接近对方，同时用左直拳攻击其头部；

(2)紧接着随右脚蹬地，身体左转，左拳回收于颌前护头，同时迅速顺势用右勾拳攻击对方腹部；

(3)随即左脚蹬地，右脚向前上一步，身体右转，右拳回收于颌前护头，同时迅速顺势用左勾拳攻击对方胸部；

(4)下动不停，左脚向前上一步，同时随身体左转，左拳回收于颌前护头，迅速顺势用右平勾拳击打对方头部。

图 5—4—11

十二、左直拳攻头—右直拳攻头—左直拳攻头—右上勾拳击颌

左直拳攻头—右直拳攻头—左直拳攻头—右上勾拳击颌的动作方法(见图 5—4—12)是：

(1)双方从实战准备姿势开始，主动前滑步迅速接近对方，同时用左直拳攻击其头部；

(2)右脚蹬地，左脚向前上半步，随身体左转，左拳回收于颌前护头，同时迅速顺势用右直拳攻击对方头部；

(3)紧接着左脚蹬地，身体右转，右拳回收于颌前护头，同时迅速用左直拳攻击对方头部；

(4)随即随前滑步逼近对方，左拳回收于颌前护头，同时迅速顺势用右上勾拳击打对方颌部。

图 5-4-12

第六章 拳击比赛规则

裁判是拳击比赛的一项重要工作，裁判组织是否健全和裁判人员的素质高低，都直接影响着拳击比赛能否顺利进行。因此，裁判人员的分工必须明确，必须熟悉拳击技术和业务，真正领会和掌握竞赛规则和精神，要在执法时坚决做到严肃、认真、公正和准确，通过自己的努力使运动员在比赛中充分发挥出拳击技术和战术水平。

第一节 程序

拳击比赛是由两位选手在方形拳击台上进行的。比赛的目的是通过击打对方获得点数或造成对方无法继续比赛。本节主要介绍比赛的程序规则。

一、参赛办法

拳击比赛是根据运动员的体重，划分成不同的级别分别进行的。业余拳击比赛分为 12 个体重级别，职业拳击比赛分为 17 个体重级别，世界青少年业余拳击比赛分为 3 个级别。

（一）业余拳击比赛级别

（1）48 千克以下级（含 48 千克）；
（2）51 千克级（48 千克以上～51 千克）；
（3）54 千克级（51 千克以上～54 千克）；
（4）57 千克级（54 千克以上～57 千克）；
（5）60 千克级（57 千克以上～60 千克）；
（6）63.5 千克级（60 千克以上～63.5 千克）；
（7）67 千克级（63.5 千克以上～67 千克）；
（8）71 千克级（67 千克以上～71 千克）；
（9）75 千克级（71 千克以上～75 千克）；
（10）81 千克级（75 千克以上～81 千克）；

(11)91 千克级(81 千克以上～91 千克)；
(12)91 千克以上级。

(二)职业拳击比赛级别

(1)重量级(86 千克以上)；
(2)次重量级(86 千克)；
(3)轻重量级(79 千克)；
(4)超中量级(76 千克)；
(5)中量级(73 千克)；
(6)初中量级／超次中量级(70 千克)；
(7)次中量级（67 千克)；
(8)初次中量级／超轻量级（64 千克)；
(9)轻量级(61 千克)；
(10)初轻量级／超次轻量级（59 千克)；
(11)次轻量级（57 千克)；
(12)超最轻量级(55 千克)；
(13)最轻量级(53 千克)
(14)超次最轻量级(52 千克)；
(15)次最轻量级(50 千克)；
(16)最次轻量级(49 千克)；
(17)迷你轻量级(48 千克)。

(三)世界青少年业余拳击比赛级别

(1)轻量级(58.97 千克以下);
(2)轻中量级(63.50 千克以下);
(3)中量级(69.85 千克以下)。

二、比赛方法

(一)赛规

1.击打部位

允许击打的有效击中部位包括头的正面和侧面、腰际以上和上体的正面和侧面，但对臂部的击打无效。

2.得分

(1)用握紧的手套拳峰部位对对方身体合理部位 1 次清晰有力的击打，得 1 分;

(2)对有效击中部分的击打，如果裁定不构成力量打击，不得分;

(3)当两位选手在近距离搏斗中快速连续相互击打对方时，每一方都无法实施足够力量的击打，击打结束后，占优势的选手得 1 分。

3.倒地

(1)比赛中选手被击中后，脚以上身体的任何部位接触台面，即判为倒地;

(2)选手被击中后，身体部分跌出围绳以外，或体力不支依靠在围绳上，以及在受到重击后，虽然可以站立但裁判员认为无法继续比赛时，应被判为倒地。

4.获胜

(1)选手不能承受重击、选手不符合比赛资格，以及选手退出，台上裁判员可结束比赛，宣布对方胜出；

(2)比赛的第一回合由于选手眼部受伤或类似的情形，裁判员可终止比赛，对方胜出。如果裁判员在第二或第三回合由于上述原因终止比赛，评判员按点数评定比赛的优胜者；

(3)选手在 1 个回合内接受 3 次数秒，或 1 场比赛中接受 4 次数秒，裁判员可以终止比赛，宣布对方为优胜者；

(4)比赛中，应有 3 名医生在场边，如任何一名医生根据选手的身体状况认为应终止比赛时，则可以终止比赛；

(5)场边的助手认为选手不能承受重击而向场内抛毛巾表示弃权，可终止比赛，判对方胜出；

(6)在拳击比赛结束时，合计评判员所给的点数，获得点数较多者为优胜者；

(7)如果两位选手所获点数相同，则由评判员判定在比赛场上占优势或体育作风较佳的选手获胜；

(8)如果评判员在衡量这些因素后评定依然持平，裁判员可以考虑选手的防守技能来作出最后评定。

三、注意事项

(1)参赛选手应在第一回合开始之前和比赛结果宣布后相互握手，表示友好；

(2)参赛选手下颌禁止蓄须，上唇的胡须最长不能超出上唇缘。

第二节 裁判

拳击比赛的裁判工作是在仲裁委员会的监督指导下进行的，下设裁判组、评判组、场记长、记录员、计时员、检录员、临场宣告员和临场医生等。

一、裁判员

在拳击比赛中，台上裁判员作为每场比赛的组织者，控制着比赛的进行。台上裁判员水平的高低，直接关系到运动员的技术和战术的发挥，影响着运动员的胜负。

拳击比赛是一项紧张激烈、对抗性极强的运动，台上裁判员应该准确判定双方运动员的攻防成绩，同时要严格按照规则的精神，对运动员造成的犯规，以及动作不合理现象，立即进行制止和判决，从而防止伤害事故的发生，保护运动员的安全。

二、评分

(一)计分方式

(1)由5人评判小组来决定击中是否得分；

(2)电子计分系统在确保5名评判员中至少3名裁定得分时才计分；

(3)只有至少3名评判员在相互相差不到1秒的时间之内按下同一按钮，计分系统才计分；

(4)每个评判员面前有两个按钮，1个按钮代表1个选手。当评判员认为选手对对方进行1次有效击中时，可按下相应的按钮；

(5)点数通过电子系统计算。

(二)数秒

(1)当选手被击倒后，裁判员开始数秒(从1数到10)。裁判员数秒时，应保持一只手在倒地选手的面前，用手势表示数秒的数字，在数到10秒后，如果倒地选手不能站起，可判对方获胜；

(2)倒地选手立刻站立起来后，应先接受裁判员的数秒(从1数到8)，裁判员认为选手可以继续比赛时，示意比赛继续。如果被击倒选手站起来后，在无击打情况下再次倒地，裁判员则再一次8秒数秒；

(3)倒地并正在被数秒的选手，只有在决赛的最后一个回合结束铃声响起时，才停止数秒。在其他回合比赛中，裁判员在铃声响后继续数秒；

(4)如果两位选手同时倒地，裁判员同时数秒，只要一方保持倒地，应继续数秒到10。如果双方在数秒到10时都不能站起，比赛将结束，倒地时间以前所获点数最多者胜出。

三、犯规

常见的犯规动作主要包括以下方面：

（1）击打对方腰线以下部位；

（2）抱住对方，用手臂和肘部挤压对方的脸部；

（3）将对方的头部向围绳外压；

（4）张开手掌击打，用掌背击打；

（5）击打对方的头颈后部，以及躯体的背部；

（6）在裁判员命令“分开”时不后退一步；

（7）言语冲撞裁判员，以及在裁判员命令“分开”后击打对方。

击剑

第七章 击剑概述

现代击剑分花剑、重剑和佩剑 3 个剑种。历史上，花剑最初用于战斗训练，重剑由决斗剑演化而来，佩剑则源于骑兵使用的弯刀。击剑的特点在于它本身具有很深厚的西方文化内涵和文化意义。在运动方式上，击剑区别于其他运动项目。它以灵敏、速度、机智和灵活为特点，正在赢得世界人民的关注与喜爱。

第一节 起源与发展

击剑是一项古老的运动，随着时代的变迁，它不断地得到发展、推广和普及，已成为一种现代的体育运动。

一、起源

击剑运动有着悠久的历史。早在远古时代，剑就是人类为了生存同野兽进行搏斗、猎食所使用的工具。但随着人类历史的发展，作为生活工具的剑也逐步改变了形式和性质，由最初的石制、骨制发展到青铜制、铁制和后来的钢制，并作为战争的武器走上历史舞台。

随着火药的发明和枪炮的诞生，剑和击剑术在战场上又失去了它的威力。尽管剑和击剑术的军事价值日渐减小，但人们仍旧眷恋它，并将它用于娱乐、格斗和竞赛。因此，剑和击剑术以它特有的形式保留了下来。

二、发展

1896 年雅典举行的第 1 届现代奥运会上，出现了男子花剑、佩剑比赛项目。

1900 年在巴黎举行的第 2 届奥运会上，增加了男子重剑比赛项目。1924 年在巴黎举行的第 8 届奥运会上，又增加了女子花剑比赛项目。1992 年在巴塞罗那举行的第 25 届奥运会上，女子重剑被列为正式比赛项目。

1912 年在斯德哥尔摩举行的第 5 届奥运会上，由于重剑比赛时，剑的长度没有统一，法国队拒绝参赛，意大利队也因比赛规则的争议而退出比赛。

1913 年 11 月 29 日，法国巴黎第一次举行了有 9 个国家代表参加的国际会议，并在会上成立了国际击剑联合会。

1914 年 6 月，《击剑竞赛规则》在巴黎通过，并于同年编辑成册，1919 年正式出版，使击剑竞赛趋向公平和合理。

1930 年之前的击剑比赛，由于是人工裁判，误判较多。1931 年重剑比赛开始使用电动裁判器。1955 年电动花剑裁判器也应用于比赛。1989 年佩剑比赛开始采用电动裁判器，使击剑比赛更加公平，同时也推动了击剑运动技术向更高水平发展。

近年来，击剑运动在中国的发展也非常迅速。我国除参加世界击剑锦标赛和世界青年击剑锦标赛外，还有一些出访和迎接客队来访的比赛。通过这些比赛和互访，各方不但交流了剑术，还促进了各国人民之间的了解和友谊。

在 2002 年世界锦标赛上，中国运动员谭雪获得了女子佩剑的个人冠军，实现了中国击剑在世界锦标赛上金牌零的突破，中国击剑队奖牌数和分数首次进入世界前 6 名。

2003 年世界锦标赛，中国击剑队又取得了 3 银、1 铜的战绩，奖牌数和分数升至第 5 名。

第二节 特点与价值

击剑运动是在不断的变化和完善中发展起来的，强度适中，对提高身体素质和发展心智都有着积极的作用，而且还有助于各国之间、人与人之间进行文化交流。

一、特点

（一）凶、猛、狠

在正常的击剑比赛或练习当中，出剑要体现凶猛、快速、凶狠的运动特点。尤其在比赛中，强有力的刺剑会给对方造成影响，以至让对方输掉比赛。

（二）快速与连续性

快速躲闪和快速进攻是击剑运动的一大特点。而且，进攻要有连续性，在进攻中连续地攻击对方，可使对方没有还击的机会。

（三）简单直接

在击剑实战或练习中，做进攻动作或防守动作时，动作要简单、干净利落。

二、价值

（一）健身价值

击剑运动能够提高练习者的身体协调性、灵敏性和爆发力，同时还会带给青少年一种艺术享受，使其心情愉快，陶醉于锻炼的乐趣当中，减轻心理压力，促进身心健康发展。

（二）文化价值

击剑运动的发展过程是独特的，它吸收了西方文化的精髓。青少年可通过这项运动对西方文化有所了解和认识。

（三）表演价值

随着科学技术的发展和现代武器的使用，击剑逐渐失去了军事价值，越来越向强身健体、表演比赛的方向发展。最近，在很多比赛或大型的运动会上都有击剑表演节目。

（四）娱乐价值

随着人们生活水平的不断提高，人们的业余文化生活也随之丰富起来，击剑运动成为人们休闲娱乐的运动项目之一。

第八章 击剑场地、器材和装备

击剑运动的形式多样，具有很强的观赏性和竞技性，对场地、器材和装备都有很高的要求。高质量的场地是击剑运动开展的前提，而良好的器材和装备是运动参与者高水平发挥的必要保证。

第一节 场地

击剑运动对场地的要求较高，练习时最好在击剑馆里进行，以减少不必要的运动损伤。

一、规格

(1)场地呈长方形，边线长 14 米，端线长 1.8～2 米；

(2)两边线的中点用三角或标点标记，代替中线；

(3)中线两侧距中线 2 米处，有一条贯穿全场的“开始线”；

(4)重剑和佩剑距中线 5 米(花剑距中线 6 米)处，由边线向场内有两段各长 30 厘米的线，称为“警告线”；

(5)各线的宽度均为 3～5 厘米。

二、设施

比赛场地设有裁判器、连线和拖线盘等，比赛时双方运动员比赛服内装有手线与拖线盘内的电线和裁判器相连，形成一环行电路，当一方击中有效部位，并且剑尖达到有效压力时，裁判器的灯就会显示击中信号。

三、要求

(1)击剑馆内要宽敞明亮；

(2)配备光电、声响等设备；

(3)场馆内要自然通风、自然采光。

第二节 器材

击剑运动的器材种类繁多,主要包括花剑、重剑和佩剑等。

一、花剑

(一)规格

(1)全部重量不超过 500 克;
(2)整个长度不超过 110 厘米,剑身不超过 90 厘米。

(二)构造

(1)花剑由螺旋锤、剑柄、护手盘和剑身四部分构成;
(2)剑身由上至下硬度逐渐减弱;
(3)螺旋锤、剑柄、剑身和护手盘均由白钢制成。

二、重剑

(一)规格

(1)全部重量不超过 770 克;
(2)全长不超过 110 厘米,剑身不超过 90 厘米(见图 8−2−1)。

（二）构造

（1）剑尖特殊，带刺，很容易固定所刺的位置；
（2）剑身部分与花剑一样。

图 8—2—1

三、佩剑

佩剑既可刺又可劈，这是与花剑、重剑最大的区别。

（一）规格

总长 105 厘米，剑身长 88 厘米，重量为 500 克。

（二）构造

（1）剑身横断面为梯形，护手盘为月牙盘；
（2）剑尖为圆形，没有弹簧头。

第三节 装备

练习击剑最好穿戴专门的击剑服，并佩戴护具，这样可避免不必要的运动损伤。击剑运动的装备包括击剑服、金属衣、面罩和击剑手套等。

一、击剑服

(一)款式

(1)上身为紧身式白色上衣；
(2)下身为白色紧腿裤。

(二)材质

服装由高级合成面料制成。

(三)要求

(1)重剑选手常穿长上衣；
(2)花剑与佩剑选手常穿短上衣；
(3)左手或右手持剑的选手常穿后背有拉链的上衣。

二、金属衣

金属衣(见图 8-3-1)是由极细的金属丝(通常是银或铜)与人造纤维合织而成的导电布制成，由于含金属成分，穿起来金光闪闪。击剑运动是利用电审器来显示是否击中有效部位，为了接收击中信号，金属衣上必须带有导电物质。

图 8-3-1

三、面罩

面罩(见图 8-3-2)是由金属丝制成的护面网，侧面用硬塑料制成，面罩下沿用棉布质地材料制成。

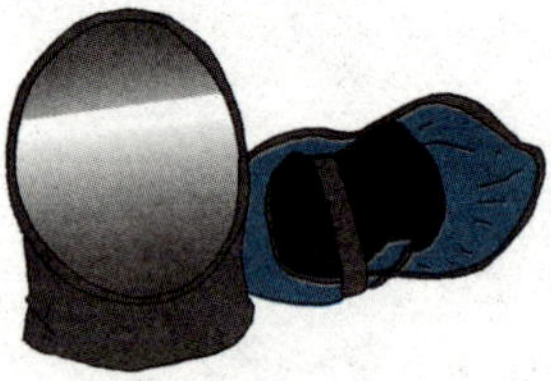

图 8-3-2

四、击剑手套

击剑手套(见图 8-3-3)是一种长筒皮质手套，用来保护手部。

图 8-3-3

第九章　击剑基本技术

击剑分为 4 种形式，即轻剑、花式剑、重剑和带弹性刺刀的枪剑，每一种剑法都各不相同，这里只介绍轻剑的剑法。轻剑基本技术包括基本动作、得分部位与进攻距离、基本姿势和基本步法等。

第一节 基本动作

轻剑的基本动作是练习此项目的最基本的运动形式，包括握法、站立姿势、开始姿势、实战姿势、略息和敬礼等。

一、握法

(一)动作方法(见图 9-1-1)

(1)用拇指和食指第一指节相对地握在剑柄两个宽面上；
(2)其他三指勾握于手心相对的一面；
(3)剑柄凸起的一面靠近手心,但不接触手心；
(4)拇指、食指距护手盘 1～2 厘米。

(二)技术要点

(1)避免大把抓,主要是拇指和食指用力；
(2)避免拇指、食指握剑柄时离护手盘太近或太远。

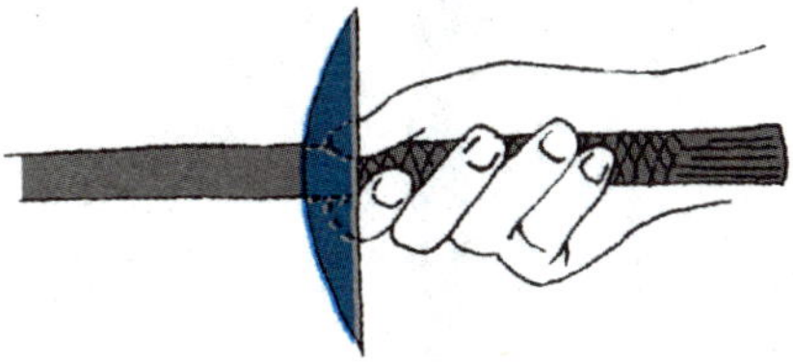

图 9—1—1

二、站立姿势

(一)动作方法(见图 9—1—2)

(1)身体自然直立,两臂于体侧自然下垂,目视前方;

(2)左手拇指第一指节靠近护手盘,按在剑身宽的一面,其他四指握在相对的一面;

(3)剑尖指向后下方。

(二)技术要点

(1)避免大把抓,注意虎口向前,手指放松;

(2)避免剑尖向左、右斜,注意小拇指和无名指放松勾握。

图 9—1—2

三、开始姿势

(一)动作方法(见图 9—1—3)

(1)两脚跟靠拢呈直角,右脚尖向前,左脚尖向左;

(2)身体略向左侧方,两臂在体侧向斜下方伸直;

(3)手心向上,剑尖指向前斜下方,控剑手与剑身及臂呈一直线,两眼平视前方。

(二)技术要点

(1)两臂自然地由下方分别向前、后斜下方伸直;

(2)避免身体前倾和缩肩。

图 9-1-3

四、实战姿势

(一)动作方法(见图 9-1-4)

(1)左脚尖向左,右脚尖向前,两脚跟在一直线上,两脚呈直角,两脚之间的距离约同肩宽;

(2)两膝略屈,右膝与右脚面垂直,左膝约与左脚尖在一垂直面上,重心在两腿之间;

(3)上体自然挺直,右肩向前,握剑手臂的肘关节距身体约一掌半;

(4)屈起持剑臂的肘关节,手心向上,使小臂与剑呈一直线,剑柄在手腕中间;

(5)握剑手约与胸部在一平面内,眼与剑尖平行,目视前方;

(6)左臂后屈肘举起,大臂与地面平行,小臂与地面垂直,手腕自然放松。

(二)技术要点

(1)右脚向前迈时不是脚跟先着地,而是前脚掌过渡到全脚掌,然后重心在两腿之间,两膝弯曲不宜过大;

(2)避免右臂距身体太近或太远,注意手腕弯曲、身体前倾、挺胸凸臀;

(3)两脚不呈“丁”字形,两脚之间的距离不宜过宽;

(4)避免左手紧张,或太靠近肩部。

图 9-1-4

五、略息

略息是指在教学过程中短时间休息时的身体姿势。

(一)动作方法(见图 9-1-5)

(1)两脚的位置同实战姿势,两腿自然伸直;

(2)两臂自然下垂,右手握剑把,手背向左,左手握剑身前半部,手背向右,剑身靠近身体;

(3)上体放松,自然挺直。

(二)技术要点

(1)略息时两脚与肩同宽;

(2)两肩放松,自然站立;

(3)站立时右手持剑,左手扶握剑身。

图 9—1—5

六、敬礼

敬礼是指比赛前向裁判员及对方致敬的动作。

(一)动作方法(见图 9—1—6)

(1)持剑手臂抬平,剑尖指向对方;

(2)屈肘举剑,使剑身与小臂呈一直线,并与地面垂直,剑尖向上,护手盘在下颌处,手心朝向面部;

(3)将剑与小臂伸直,手心向下,指向右侧裁判员;

(4)同(2);

(5)同(3),但手心向上,指向左侧裁判员;

(6)同(2);

(7)将手臂伸直,指向对方;

(8)还原成开始姿势。

(二)技术要点

(1)向前点剑时,前臂与肩同高,两腿直立;

(2)剑带回胸前时,前臂弯曲,肘关节自然下垂,目光敬视对方;

(3)敬视对方后,右臂挥至身体右侧斜45°处。

图9-1-6

第二节 得分部位与进攻距离

得分部位是击剑比赛中判定胜负的标准，进攻距离是运动员在比赛中应该掌握的技术方法，包括刺中面积、身体部位和距离等。

一、刺中面积

刺中面积是指规则规定刺中的身体部分。斜线部分分别是男子和女子比赛的刺中面积(见图 9-2-1)。

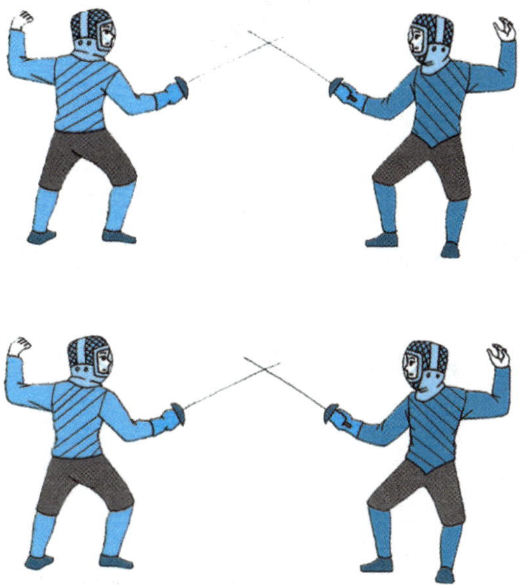

图 9-2-1

二、身体部位

为了防守和确定基本姿势的位置，可将身体的刺中面积分成 4 个部位，其方法是，假想有一条垂直线和水平线通过持剑的手形成交叉，把刺中面积划分为 4 个部位（见图 9-2-2）。

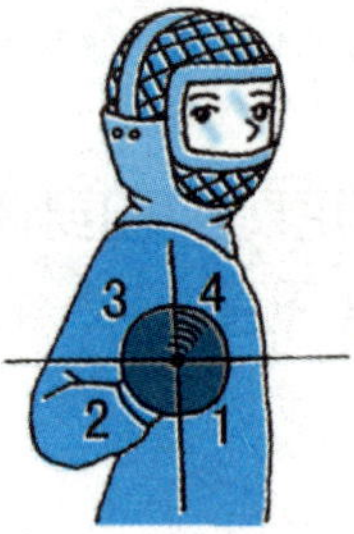

图 9-2-2

三、距离

一般分为近、中、远 3 种距离。

（一）近距离

伸直持剑手臂就可以刺中对方的间隔称为近距离（见图 9-2-3）。

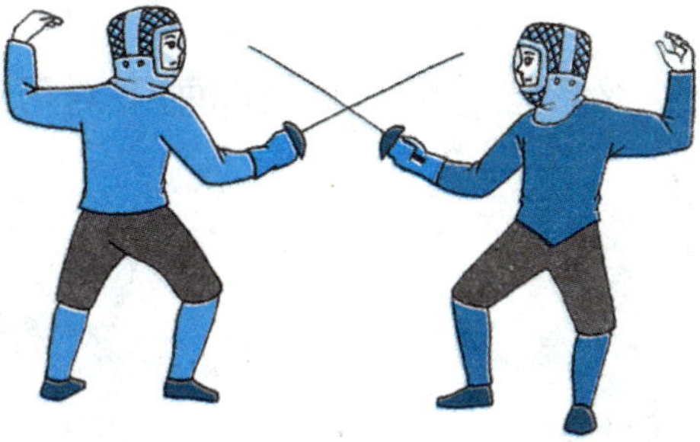

图 9-2-3

(二)中距离

用直刺和弓箭步刺可以刺中对方的间隔称为中距离（见图 9-2-4）。

图 9-2-4

(三)远距离

上前一步或交叉步呈弓箭步刺可以刺中对方的间隔称为远距离(见图 9-2-5)。

图 9-2-5

第三节 基本姿势

轻剑的基本姿势是由项目规定的刺中部位产生的。在运用这些基本姿势时,可根据距离远近灵活掌握。例如,距离远时动作可以小一些,距离近时动作可以大一些。基本姿势有 8 种。

一、第一姿势

(一)动作方法(见图 9-3-1)

(1)剑的位置在第一部位;
(2)持剑手臂半屈,高与胸平;

(3)另一手在身体左侧,手心向前,肘约与肩平;
(4)剑尖低于护手盘,并指向左斜前方。

(二)技术要点

应避免先将剑垂直下落,再向左转动推出。

图 9-3-1

二、第二姿势

(一)动作方法(见图 9-3-2)

(1)剑的位置在第二部位;
(2)持剑手大约与腰齐平,手心向下;
(3)持剑手臂略屈肘,护手盘低于肘,肘低于肩;
(4)剑尖低于护手盘,高于右膝,剑身在身体右边一点。

(二)技术要点

(1)避免肘向外展,纠正时可用左手托住右肘,重复练习;

(2)避免手臂下压,纠正时可将左手放在腰的高度,使小臂下落时不要压左手。

图 9-3-2

三、第三姿势

(一)动作方法(见图 9-3-3)

(1)剑的位置在第三部位;

(2)剑身在身体右侧一点,护手盘略高于腰,剑尖高于护手盘,约在右眼外 10 厘米处;

(3)持剑臂略屈,肘距离身体一拳或一掌,手心向下。

(二)技术要点

(1)避免右手向右移动太远;

(2)避免手的部位太低。

图 9—3—3

四、第四姿势

(一)动作方法(见图 9—3—4)

(1)剑的位置在第四部位;

(2)持剑手臂半屈肘,肘关节距离身体一拳或一掌;

(3)整个剑身在身体左侧与上身平行的平面上,手与腹部同高,屈腕,手心向左;

(4)剑尖高于护手盘,约在左眼外 10 厘米处,高约与左眼齐平;

(5)非握剑手的大臂与地面平行,小臂与地面垂直,手在头侧上举,手腕放松,手下垂。

(二)技术要点

(1)持剑手不能过高或过低;

(2)肘不宜离身体太远或太近;

(3)避免剑尖向外或向内,腕部要放松。

图 9-3-4

五、第五姿势

(一)动作方法(见图 9-3-5)

(1)剑的位置在第四部位;
(2)手位于腰部高度,手心向下;
(3)剑尖高于护手盘,低于肩,指向左斜前方。

(二)技术要点

(1)避免与第四姿势混淆不清;
(2)手臂不要完全伸直。

图 9—3—5

六、第六姿势

（一）动作方法（见图 9—3—6）

（1）剑的位置在第三部位，护手盘与胸同高，剑尖高于护手盘；

（2）剑在身体右侧一些，剑尖约在右眼外 10 厘米处，约与眼齐平；

（3）持剑手臂半弯曲，肘距离身体一拳或一掌，手腕略向右屈，手心向上；

（4）非持剑手臂于头侧上举，大臂与地面平行，小臂与地面垂直，手腕放松，手下垂。

(二)技术要点

(1)身体不宜向右转动,肘不动,仅手腕和小臂动;

(2)避免剑尖过高或过低,或向左(右)斜。

图 9-3-6

七、第七姿势

(一)动作方法(见图 9-3-7)

(1)剑的位置在第一部位;

(2)剑身在身体左侧,手臂弯曲,肘略靠近胸部,护手盘在胸腰之间的高度,手心向上;

(3)剑尖低于护手盘,高于膝,剑身在身体左边一点。

(二)技术要点

(1)避免手臂过于紧张和伸直；
(2)避免手臂过低。

图 9—3—7

八、第八姿势

(一)动作方法(见图 9—3—8)

(1)剑的位置在第二部位；
(2)护手盘与腰同高，剑尖低于护手盘，高于膝关节，剑身在身体右侧一点；
(3)右臂半屈，肘距离身体一拳或一掌，手略低于肘，手心向上。

（二）技术要点

（1）避免剑尖过低或偏向左（右）；

（2）注意剑身不要在身体右侧。

图 9—3—8

第四节 基本步法

步法是实战中寻找进攻机会或防守的基础，好的步法能使击剑水平进一步提高。基本步法包括向前一步、向后撤一步、前交叉步、后交叉步、向左一步、向右一步、向前跃步和向后跃步等。

一、向前一步

（一）动作方法（见图 9-4-1）

（1）由实战姿势开始，躯干不动，右腿略提大腿，并以膝关节为轴，向前踢小腿跨出；

（2）右脚脚跟先着地，然后全脚着地；

（3）当右腿前跨时，左腿蹬地（使重心随之前移）跟上，重心仍在两腿之间，两脚距离仍同肩宽；

（4）动作完成后呈实战姿势。

（二）技术要点

（1）右小腿不要向前摆动；

（2）重心要水平移动，避免上下波动；

（3）两脚距离不是略宽于肩，而是根据进攻的幅度和速度而定；

（4）两脚在地面上滑动，两脚尖方向相同。

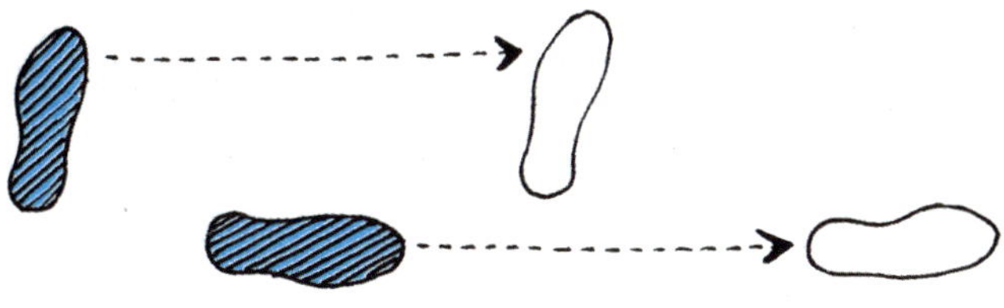

图 9-4-1

二、向后撤一步

（一）动作方法（见图 9-4-2）

（1）由实战姿势开始，左脚向后退一步，重心随之向后移；

（2）右脚立即向后移动，用全脚掌着地，两脚距离同肩宽；

（3）动作完成后呈实战姿势。

（二）技术要点

（1）左小腿不要向后摆动；

（2）重心要水平移动，避免上下波动；

（3）两脚距离不是略宽于肩，而是根据进攻的幅度和速度而定；

（4）两脚在地面上滑动，两脚尖方向相同。

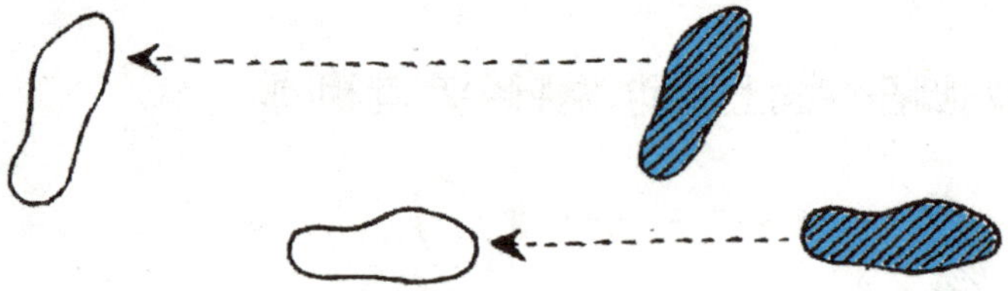

图 9-4-2

三、前交叉步

(一)动作方法(见图 9-4-3)

由实战姿势开始,左脚由右脚前向前交叉移动一步,重心随之前移,右脚立即向前跨一步,呈实战姿势。

(二)技术要点

(1)重心要水平移动,避免上下波动;

(2)避免两脚没有站成实战姿势,进攻时上体不宜过早向前移动,也不要正面向前;

(3)避免低头。

图 9-4-3

四、后交叉步

（一）动作方法（见图 9-4-4）

由实战姿势开始，右脚由左脚后向后交叉移动一步，重心随之后移，左脚立即向后跨一步，呈实战姿势。

（二）技术要点

（1）向后撤步时，重心由右脚尖过渡到全脚掌；
（2）上体保持直立放松；
（3）后臂举至略高于头的位置，双肩放松；
（4）两脚撤退要敏捷、迅速。

图 9-4-4

五、向左一步

（一）动作方法（见图 9—4—5）

由实战姿势开始，左脚向左跨一步，右脚立即跟上，两脚保持实战姿势。

（二）技术要点

（1）避免重心上下波动；
（2）避免两脚的方向和距离不正确；
（3）避免髋关节和上体转动。

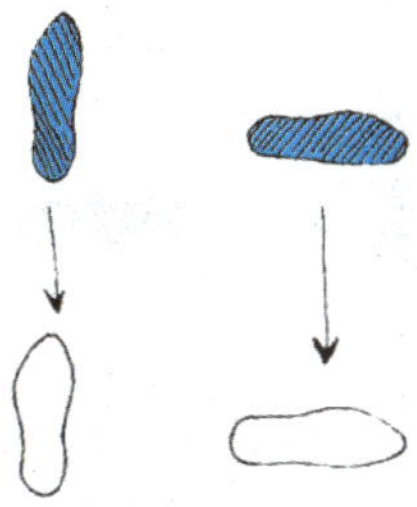

图 9—4—5

六、向右一步

(一)动作方法(见图 9-4-6)

由实战姿势开始,右脚向右跨一步,左脚立即跟上,两脚保持实战姿势。

(二)技术要点

同“向左一步”的技术要点。

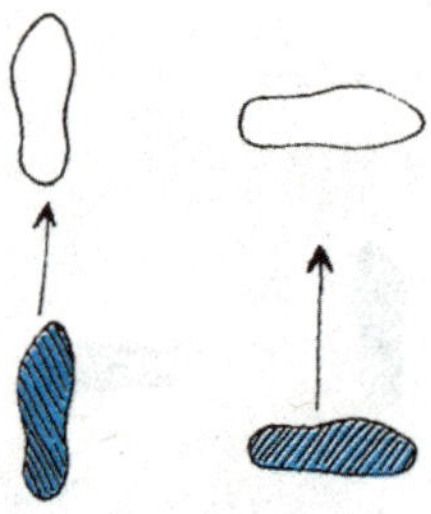

图 9-4-6

七、向前跃步

（一）动作方法（见图 9-4-7）

（1）右腿迅速上抬，并踢小腿向前跨出；

（2）左脚迅速蹬地跟上，右脚先用脚跟着地，然后全脚着地，呈实战姿势。

（二）技术要点

（1）重心沿水平前移，避免上下波动；

（2）避免右脚着地后左脚才着地，成了“向前一步”的基本步法。

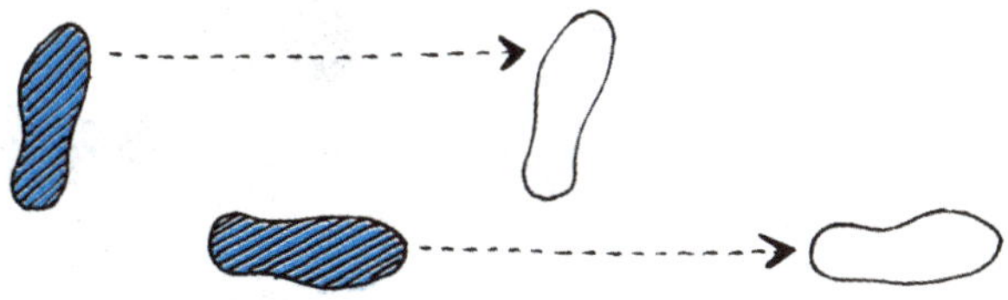

图 9-4-7

八、向后跃步

（一）动作方法（见图 9-4-8）

（1）由实战姿势开始，右脚用力蹬地后移，重心随之后移；

（2）右脚跟迅速向左脚跟靠拢，左脚立即向后一步，呈实战姿势。

（二）技术要点

（1）重心沿水平后移，避免上下波动；

（2）避免两脚之间距离不正确。

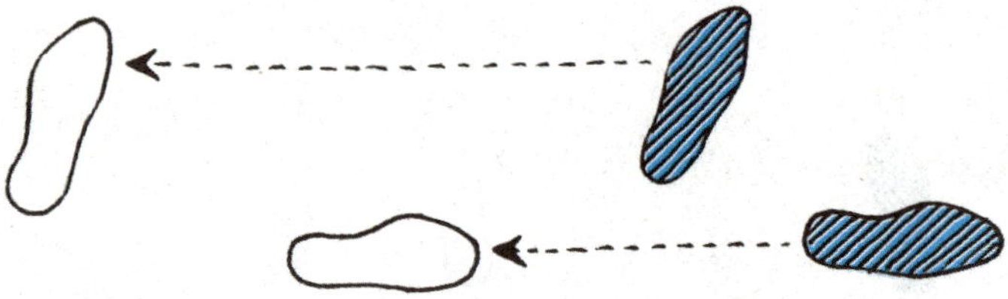

图 9-4-8

第十章 击剑实战技法与战术

轻剑实战技法与战术是实战中取胜的重要因素，只有掌握了正确的技法和战术，才能在轻剑比赛中游刃有余地发挥出应有的技术水平。轻剑实战技法与战术包括实战技法、简单防守战术、假动作战术和进攻战术等。

第一节 实战技法

实战技法是指实战比赛中运用的技术方法，包括直刺、弓箭步刺出和冲剑等。

一、直刺

（一）动作方法（见图 10-1-1）

（1）两腿屈膝，两脚距离同肩宽，脚的姿势与实战姿势相同；

（2）上体自然挺直，重心在两腿之间；

（3）持剑手臂伸直与剑身呈一直线，剑尖低于护手盘，手心向上；

（4）左臂的大臂与地面平行，小臂与地面垂直，手腕自然放松。

（二）技术要点

（1）先将手臂伸直，再用剑尖找目标；

（2）身体前倾，后腿伸直。

图 10—1—1

二、弓箭步刺出

(一)动作方法(见图 10—1—2)

(1)持剑手臂伸直,剑尖低于护手盘,手心向上,目视前方;
(2)右大腿与地面平行,小腿与地面垂直,大、小腿呈直角;
(3)左臂在体侧自然平举,与右臂呈一直线或与左腿平行。

(二)技术要点

(1)左腿要完全伸直,且全脚着地;
(2)上体略向前倾,重心前移至右腿。

图 10—1—2

三、冲剑

(一)动作方法(见图 10—1—3)

(1)持剑手臂伸直;

(2)左腿蹬地,重心前移;

(3)当重心超过右腿时,右腿蹬地,左腿迅速向前抬起,并伸展全身;

(4)左脚落地后向前冲去。

(二)技术要点

(1)注意重心前移,前冲肘时展体;

(2)注意右腿蹬直,左腿迅速前提。

图 10—1—3

第二节 简单防守战术

简单防守战术是指防守中根据对方的进攻所采取的反抗动作。简单防守的每一个动作和姿势，都起着保护某一部位的作用。轻剑简单防守战术包括直线防守、半圆防守、划圆防守、退却防守和向左闪躲等。

一、直线防守

（一）动作方法（见图 10—2—1）

由一种姿势转向另一种姿势时，剑尖沿直线移动并进行防守。

(二)技术要点

(1)防守时两脚迅速移动;
(2)刺剑臂与肩同高,不宜端肩。

图 10—2—1

二、半圆防守

(一)动作方法(见图 10—2—2)

由一种姿势转向另一种姿势时,剑尖沿弧形移动,如由第六姿势转为第二姿势和由第四姿势转为第七姿势等。

(二)技术要点

(1)避免剑尖运动路线混乱;
(2)看准来剑的目标;
(3)精神集中,但身体不要僵硬紧张。

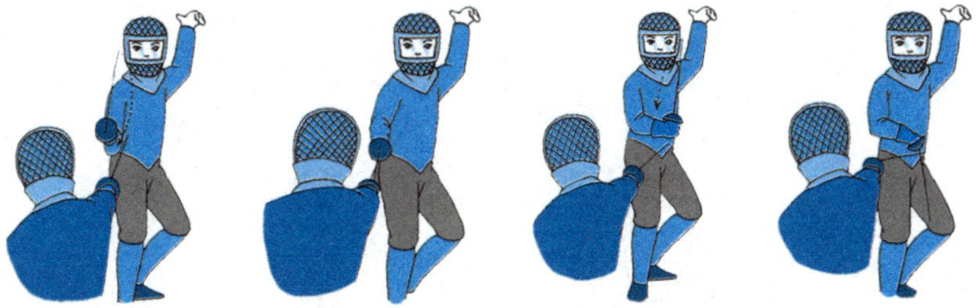

图 10—2—2

三、划圆防守

(一)动作方法(见图 10—2—3)

防守时剑尖沿不规则的圆形移动，例如第六姿势的划圆防守是剑尖顺时针向右、向下、向左、向上移动，第四姿势的划圆防守是逆时针向下、向右、向上、向左移动。

(二)技术要点

(1)防守动作是否正确，与做动作时剑尖走的路线有关；
(2)身体不要紧张僵硬，保持精神集中；
(3)划圆时腕部灵活、敏捷有力。

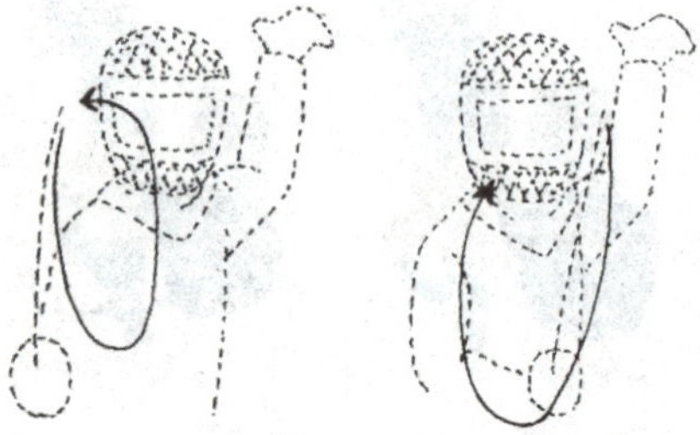

图 10—2—3

四、退却防守

(一)动作方法(见图 10—2—4)

当对方从近、中距离刺来时，后退一步或两步，变成中、远距离的防守方法。

(二)技术要点

(1)在与未相遇的对方实战时，一开始就可采用这种方法，目的在于观察对方的进攻方法，以便采取可行的进攻方法；

(2)它也是一种防守对方突然进攻的唯一方法。

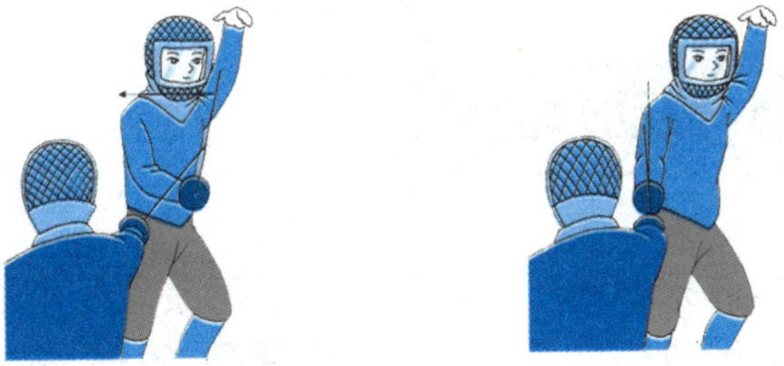

图 10—2—4

五、向左闪躲

(一)动作方法(见图 10—2—5)

(1)左脚向左斜前方跨一大步,屈膝;
(2)右腿蹬直,全脚着地;
(3)上体前倾,持剑手手心向下,左手扶地或放松下垂。

(二)技术要点

上体前倾,右腿蹬直。

图 10—2—5

第三节 假动作战术

用剑或身体来威胁和挑衅对方，使其暴露刺中部位的行动称为假动作。轻剑假动作战术包括假直刺、转移、变换交叉和重复转移等。

一、假直刺

（一）动作方法（见图 10—3—1）

实际上就是直刺的动作，不过不做出完整的直刺，以便做下一个真正的进攻动作。

（二）技术要点

（1）虚假动作要做得让对方信以为真；

（2）下肢腿部运动要敏捷、迅速，路线灵活多变。

图 10—3—1

二、转移

转移就是使自己的剑从对方的护手盘的一方经过，绕一个小弧而转移到对方剑的另一方。

(一)动作方法(见图 10-3-2)

(1)转动持剑手的腕部;

(2)使剑尖从左经下到右，或从右经下到左，或从左经上到右，或从右经上到左。

(二)技术要点

移动时手腕转动不要太大，避免转移弧形太大。

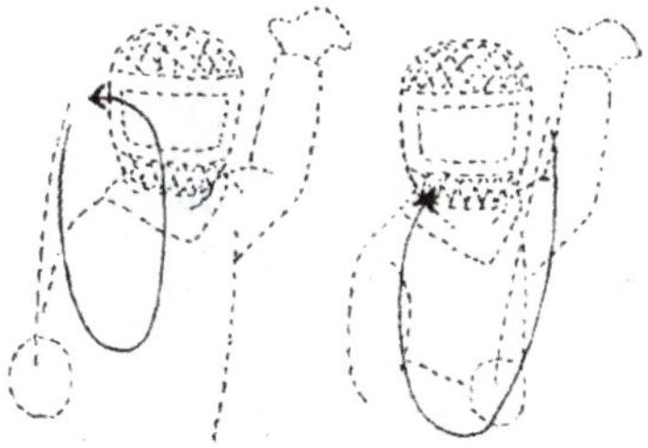

图 10-3-2

三、变换交叉

变换交叉是指自己的剑身从对方剑身的一个部位变换到另一个部位的技术动作。

(一)动作方法(见图 10-3-3)是:

(1)首先提小臂或屈手腕,竖起剑身;

(2)当剑身竖到对方剑尖的高度(或略高一点)时,迅速伸臂,再呈实战姿势。

(二)技术要点

收剑的动作做得不宜过大,不能沿着对方的剑身移动。

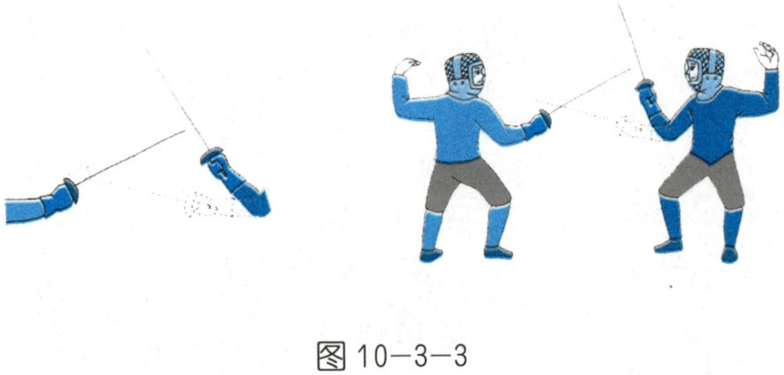

图 10-3-3

四、重复转移

重复转移是同一方向的两次或三次转移，一般在对方做划圆防守时使用。

（一）动作方法（见图 10—3—4）

例如甲从外交叉（即第六部位交叉）转移，刺乙的第四部位，乙做第六姿势划圆防守，这时甲顺势再做一个转移动作，甲做的这个动作就叫重复转移。

（二）技术要点

（1）避免转移弧形太大；
（2）动作要连贯。

图 10—3—4

第四节 进攻战术

进攻战术是击剑比赛中主动取得胜利的必要手段，轻剑进攻战术包括进攻中刺剑、重复进攻、冲刺进攻、复杂进攻、反攻和还击等。

一、进攻中刺剑

进攻中刺剑常在进攻被动的情况下使用，其特点是反击迅速。

（一）动作方法（见图 10—4—1）

（1）若部分刺中面积暴露出来，可以接着从最短路线直刺：伸直手臂，用箭步直刺，在刺的时候，剑刃向右或向右上方，剑身的弓形向上或向右上方，大拇指和食指朝着刺的方向，当剑尖刺中时，手指握紧剑柄；

（2）若部分刺中面积极掩蔽，可以使用转移刺：用剑绕过对方的剑，自下向刺出的方向螺旋形向前刺出。

（二）技术要点

（1）若要在运动中快速寻找进攻目标，需要多变的头脑和灵活的身体运动，速度不宜单一不变；

（2）进攻时不宜端肩，进攻前保持身体放松，能够快速进攻；

（3）做弓步刺剑时，前腿弯曲，不宜直腿站立。

图 10－4－1

二、重复进攻

重复进攻是指当对方处于弱势并已失去反攻机会时，给对方以致命性打击的一种剑法，特点是进攻连续、快速。

（一）动作方法（见图 10－4－2）

（1）从开始的姿势起做箭步刺，在对方离开的时候，向前还原，呈实战姿势；

（2）用箭步做第二个进攻动作。

（二）技术要点

（1）重复进攻时要保持身体的平衡，以便再进行连续进攻；

（2）保持上体直立放松，以便快速进攻；

（3）下肢脚步灵活，配合进攻的方向来变换步法。

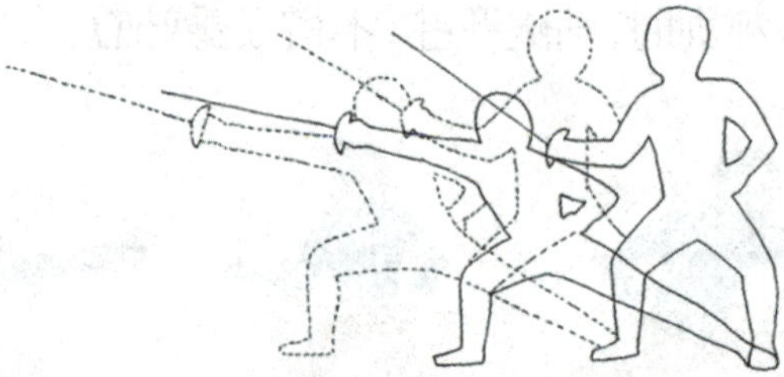

图 10－4－2

三、冲刺进攻

冲刺进攻是一种远距离进攻剑法，在花式剑中用得最多，能够在跑动中发起凶猛的进攻。

（一）动作方法（见图 10－4－3）

（1）两脚向后连续蹬地，先是左脚向前迈出离开地面，右腿同时蹬直，使身体向前；

（2）在左脚落地之前，做劈或刺的动作；

（3）用几个制动步来停止向前冲刺的动作。

（二）技术要点

（1）进攻时步法敏捷，爆发力强；

（2）双肩放松，精神集中，反应要快。

图 10—4—3

四、复杂进攻

复杂进攻是指以假动作挑衅对方防守，继而向其身体暴露部分进行加速劈的技术动作，常由一至两个假动作，以及向对方身体暴露部分进行的劈动作构成。

（一）动作方法（见图 10—4—4）

（1）向头做假动作；
（2）向身体右侧劈去。

（二）技术要点

（1）做假动作时要让对方信以为真；

(2)步法要随着进攻的距离和方向灵活多变。

图 10-4-4

五、反攻

反攻是指在对方进攻或准备进攻时，对他所做的进攻动作，特点是反击速度要超过对方的劈或刺的速度。

(一)动作方法(见图 10-4-5)

(1)用箭步时，身体前倾直刺，向前上步或向前跃步；

(2)不用箭步时，在做完反攻劈的动作之后，应向后一步或向后跃步。

(二)技术要点

(1)反攻之前要注意对方是否还有机会继续进攻；

(2)在对方进攻结束后，迅速进行反攻；

(3)不宜多想，应该果断、快速地进攻。

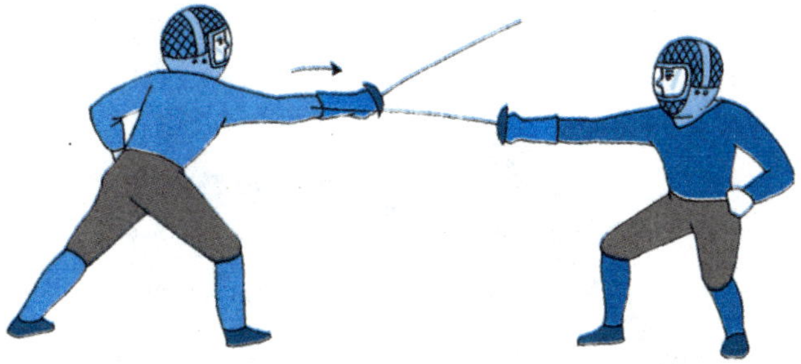

图 10—4—5

六、还击

还击是在陷入被动的情况下，变被动为主动的一种剑法。在每一个击退劈、刺的防守动作之后，应当立刻跟着用劈或刺的动作做还击。

（一）动作方法（见图 10—4—6）

（1）在做第四姿势防守之后还击直刺；

（2）用直刺协助还击是进攻动作的变化，即在击退对方的还击后的动作。

（二）技术要点

（1）对方进攻时不要慌张；

（2）当对方接近时身体要敏捷躲闪；

（3）剑的力点在剑前端。

图 10—4—6

第十一章 击剑比赛规则

击剑运动已经成为世界性的比赛项目，拥有自身完备的比赛程序和裁判方法。学习和掌握比赛程序和裁判方法，有助于运动员在比赛中发挥自己的实力。

第一节 程序

击剑比赛不是任何人都能参加的，这项运动有其自身的参赛程序和比赛办法。

一、参赛办法

击剑比赛运动员首先要进行报名，报名后要经过资格审查才能有机会参加比赛。

二、比赛方法

(一)个人赛

(1)分成若干个小组,在小组内打循环赛,每场 4 分钟,先刺中对方 5 剑者胜出;

(2)将所有运动员按参加小组循环赛的成绩排名,淘汰 20%～30%;

(3)进入下一轮直接淘汰赛;

(4)每场 3 局,每局 3 分钟,两局之间休息 1 分钟;

(5)谁先刺中对方 15 剑谁就赢,一直打到决出冠军;

(6)在直接淘汰赛中,输一场就失去了比赛机会。

（二）团体赛

（1）每队 4 名队员，3 人参加团体对抗，1 名队员作为替补；

（2）每场 4 分钟打 5 剑，共打 9 场，先打到 45 剑得 45 分的队胜出；

（3）如果有的运动员在规定的 4 分钟内没有刺中对方 5 剑，这一队的下一名运动员接着这个比赛往下打，可以打到他那场应该打到的分数，即：第一场到 5 分，第二场到 10 分，第三场到 15 分，一直打到取得 45 分，结束比赛。

（三）器械的使用

1. 轻剑比赛

（1）轻剑比赛时，只准用剑尖刺对方的有效部位，电动剑尖必须超过 500 克的压力，才能使裁判器产生信号，普通剑必须清晰、明显地刺中；

（2）使用电动剑比赛时，运动员穿金属衣，刺中有效部位时，裁判器上显示红（绿）色灯，刺中无效部位时显示白色灯；

（3）如一方先被刺中无效部位，随即又被刺中有效部位，同侧裁判器显示白、红（或白、绿）两灯，应判为刺中无效；先刺中有效部位再刺中无效部位，裁判器只显示红或绿色灯，判为有效。

2. 重剑比赛

（1）重剑只能用剑尖刺对方的有效部位，正式比赛应用电动器械。电动剑尖要大于 750 克压力，才能使裁判器显示信号；

（2）重剑击中时，裁判器只显示红色或绿色的彩灯；

（3）只有在 0.04 秒或 0.05 秒的时间内相互击中时，两侧裁判器才同时显示出信号；若先后刺中的时间差超过 0.05 秒或 0.04 秒，则只有一侧显示信号。

（四）正确的进攻方法

1.简单进攻（直接或间接）

应在弓步和冲刺动作发动以前伸出手臂，剑尖威胁对方有效部位。

2.复杂进攻

应在做第一个假动作时就伸出手臂，威胁对方的有效部位，而后不回收手臂地做出弓步或冲刺进攻的连续动作。

3.移步弓步和移步冲刺

在移步结束前和在弓步或冲刺发动前，伸出手臂，剑尖威胁对方的有效部位。

4.简单或复杂进攻

简单或复杂进攻时回收手臂是错误动作，会使自己处于被对方攻击的局面。

在花剑比赛中，花剑优先裁判权的获得与转换的判定是指，若双方非同时进攻又相互刺中，两边裁判器同时或先后在允许的时间内显示出击中信号；若双方同时进攻，又相互击中，则判为“互中”，不论刺中“有效部位”或“无效部位”，都不计剑数。

（五）刺中无效部位

（1）裁判器显示白色灯，或同侧的彩色灯、白色灯同时亮，均为击中无效部位；

（2）如果有优先权的一方刺中无效部位，同一交锋中以后的剑都不作判决；

（3）裁判器没有显示信号或显示了击中无效部位的信号时，主裁判不应判击中有效（犯规除外）。

三、其他

（1）在每一回合的开始和结束，选手都必须向对方、裁判以及观众敬礼，动作过程是：持剑臂手心向上伸平，剑尖指向裁判员（对方、观众），然后屈肘，垂直举剑表示致敬；

（2）在比赛过程中，选手不能临时更换握剑的手；

（3）受伤的运动员（抽筋除外）有10分钟的休息时间，然后决定是否退出比赛；

（4）如果剑刺发生在裁判的哨声之前，这次剑刺有效，但只能限于这一次，时间到后的任何剑刺都无效。

第二节 裁判

击剑比赛中，裁判员有严密的组织工作和严格的评分标准。运动员对评分标准了然于胸，才能在比赛中发挥自如。

一、裁判员

（1）每个剑种（花、重、佩）指派一名裁判员；

(2)裁判员应着西装;

(3)参照国际剑联比赛规则,中国击剑协会将根据实际情况,在国内重要比赛场次中采用录像裁判系统。

二、犯规

(1)比赛重新开始后,一般情况都是从同一地点开始比赛的(判罚丧失场地除外),判罚丧失场地一般是判罚将比赛现场向犯规团体移1米;

(2)警告后,重犯同一错误,也会被罚击中一剑,在佩剑中的冲刺、冲撞或在花剑中故意坐地,一般是判罚将比赛现场向犯规团体移1米;

(3)如果选手的双腿都触底线,将被罚击中一剑;

(4)身体接触,在重剑中推挤对方属于故意身体接触行为,都会被罚击中一剑;

(5)转身背向对方、剑尖在场地上无故拖划和重刺或用不持剑手遮盖避免被击中,均属犯规行为,第一次给黄牌警告,如果再犯,将出示红牌判罚被击中一剑;

(6)对于更为严重的犯规,如报复、粗暴冲撞和与对方串通舞弊,将会被直接出示黑牌驱逐出场。